いくら強い負荷をかけてたくさんの種目数をこなしても、いくら高いプロテインを摂っても、おざなりなフォームで筋肉を的確に刺激していなければ台無しです。筋肉は太くも強くもなりません。

「鍛えたい筋肉にピンポイントで刺激を与えるフォーム」を習得する。これが**筋トレのコツ**であり、いわば**極意**です。

通常の書籍や雑誌ではページ数の関係もあり、最も重要であるはずのフォームの詳細を伝えきれないのが実情ですが、本書ではスペースと写真をふんだんに使って、それを懇切丁寧に説明しています。

筋トレを何年もやったにも関わらず効果が出なかった方も、関節や筋肉を傷めて中断してしまった方も、本書に記載するポイントを一つひとつ確認しながら、まずは正しいフォームを把握してください。

正しいフォームで実施すれば、筋トレをやっている最中から**今までにない刺激**を筋肉に感じるはずですし、ほんの数週間で**体の変化を自覚**できるはずです。

皆様が本書を教科書にして筋トレを実施し、〝**最小努力**〟で〝**最大効果**〟を獲得されることを切に願っています。

２０１６年９月吉日
スポーツ＆サイエンス代表　坂詰真二

タンス）に逆らいながら筋力
句上させるトレーニングの総
ﾞですが、本書では日本で馴

<トレーニングを開始する前にお読みください>

○次に該当する方は、かかりつけの医師とご相談の上、実施してください。…心臓血管系疾患（高血圧や心臓病など）、呼吸器系疾患（喘息や慢性閉塞性肺疾患など）、整形外科系疾患（脊柱管狭窄症、変形性膝関節症など）の治療歴がある、あるいは治療中の方。妊娠中あるいはその可能性がある方。65歳以上の方。極端な運動不足の方。ＢＭＩ（※）が18.5未満の方及びＢＭＩ30以上の方。※ＢＭＩ＝体重（kg）÷身長（m）÷身長（m）

○運動中に筋肉や関節に痛みや違和感があったら運動を中止し、医師にご相談下さい。
○過度の疲労や睡眠不足などで体調がすぐれない日、飲酒後は運動を控えましょう。
○体調によってエクササイズの数、負荷、回数、セット数を減らしましょう。
○食事直後、極度の空腹時の運動は控えましょう。
○運動の前、運動中、運動後には水分を補給しましょう。

CONTENTS

第3章

ダンベル&ラバーバンド!
器具を使って筋肉をピンポイントで徹底強化

第4章

筋トレ〝前後〟のストレッチで、さらに効果を高めよう!

第5章

トレーニング知識&メソッド

COLUMN

正しく筋肉をつける極意

単に体に負荷を与えて量をこなせば筋肉はつく、と思っていたらそれは間違い。一番重要な正確なフォームに加え、鍛えるべき部位、スピード、頻度など、注意すべきポイントをしっかり押さえることが、効率よく、正しく筋肉を鍛える近道だ。

1 大きい筋肉を中心に鍛える

大きくて強い筋肉ほど衰えやすくもある。太ももやお尻、胸や背中などの大きな筋肉を中心に鍛えれば基礎代謝もアップしておのずと体脂肪が減り、整った体型に変わる。

→詳細は14ページ

2 反動をつけず鍛えたい筋肉だけを刺激

主動筋（鍛えたい部位）のみ使う「ストリクト法」を行うことが、正しい筋トレへの一歩！　反動などを使って体を動かさないように注意し、フォームを正確に身につけよう。

→詳細は16ページ

3 重力に逆らった動きで負荷を高める

自重トレーニングでは、重力と逆方向に体を動かすことで、効率的に筋力を鍛えることができる。本書の写真と説明に従って行えば、おのずと筋肉に効くフォームになる。

→詳細は17ページ

※主動筋
その筋肉運動によって、主に動く筋肉のことを指す。

4

ゆっくり 正確なスピードで行う

スピードが上がると勢いを利用して体を動かすため、トレーニング効果が低くなる。1秒で体を引き上げて、2秒で体をおろす程度のスピードでゆっくり行おう。

→詳細は18ページ

5

30秒のインターバルで 筋肉を回復させる

刺激を受けた筋肉が回復するには、セット間と種目間に30～90秒の休息が必要。長く休みすぎず、しっかり時間管理しながら行おう。

→詳細は19ページ

6

維持なら 週1トレーニングでOK

トレーニング効果を高めるには、トレーニング間にオフ日を1～2日設けて筋肉をしっかり休ませよう。必要な筋肉量を獲得したら、週1回でも体が維持できる。

→詳細は19ページ

坂詰式

正しい「スクワット」はコレだ!

詳細は30ページ～

坂詰式 正しい「腕立て伏せ」はコレだ!

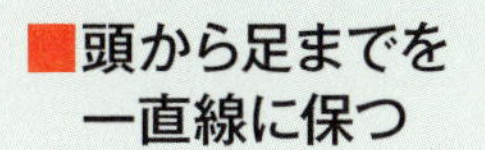

詳細は38ページ～

坂詰式 正しい「腹筋」はコレだ!

■足が座面から
浮かない位置まで
上体を起こす
■お尻は床から浮かさない。
おへそを軸に背中を丸める
■腕は位置を動かしたり
開閉しない

詳細は46ページ～

正しいフォームで最強の筋肉をつくる！筋トレで気をつけるべき7つのこと

筋トレを始める上で考えるべきは、何をどのようにやるか（種類や方法、フォーム、順番、スピード）と、どのくらいやるか（負荷と回数、インターバル、頻度）。筋トレの基本の考えから、正しいフォームまでしっかりと把握し、無駄のないトレーニング方法を手に入れよう。

何をどうやって行うか

- 種類
- 方法
- フォーム

どれくらい行うか

- 順番
- スピード
- 負荷と回数
- 頻度

1 種類

筋トレの目的によって、やるべき種目は多少異なるが、共通するのは全身をバランスよく鍛えること。そのために必須なのは３種目。下半身をまんべんなく鍛え、代謝アップにつなげる「スクワット」、上半身トレーニングの代表「腕立て伏せ」、腹筋を鍛え、体幹を強くする「腹筋」だ。最大公約数の筋トレとして、まずこの３種を押さえよう。

腹筋
（体幹）

腕立て伏せ
（上半身）

スクワット
（下半身）

方法

何を使って筋肉に負荷をかけるか。その負荷の種類は、自分の体重を使う「自重」筋トレ、ダンベルやバーベルなどの「フリーウエイト」、ジムの「トレーニングマシン」、ラバーバンドやバネなどの「弾性抵抗」と、大きく4つに分けられる。本書の第1章と第2章で紹介するのは自重筋トレで、第3章ではフリーウエイトと弾性抵抗を紹介している。それぞれの長所と短所を理解しよう。

	メリット	デメリット
自重	初期投資が不要でお金がかからない。体一つあれば、いつでもどこでできる。※自重のみで十分なトレーニング効果が得られる。	正しいフォームで行わなければ効果が出にくいため、トレーニングフォームをきちんと習得する必要がある。
フリーウエイト（ダンベル）	種目数を多く設定でき、負荷調整が簡単。自重では鍛えにくい部位も鍛えられる。	自宅で行う場合、部位別に重さの異なるダンベルが3種類以上は必要となり、初期投資がかかる。
マシン	フォームを意識しなくても、マシンが身体に合わせて的確な負荷をかけてくれる。トレーニングの結果が出やすい。	ジムに通うためのランニングコストがかかる。ジムに行き着替えて準備するなど、物理的・時間的な負担や制約もある。
弾性抵抗（ラバーバンド）	立ったまま、座ったままなど楽な姿勢でできる。短く持つ、二重に持つなど簡単に負荷調整しやすい。	ラバーバンドに爪が引っかかって損傷するなど、ダンベルなどに比較して壊れやすい。1年程度で買い換え必要。

3 フォーム

本書で紹介する自重筋トレは、正しいフォームで行うことが何よりも大切だ。特に重要なのは準備姿勢。各ページの写真と説明をしっかり確認しながら行おう。ここでは、フォームを考える上での４つのポイントを紹介する。

ポイント① 鍛えたい筋肉だけを刺激

ストリクト法

ストリクトは「厳密」という意味。鍛えたい筋肉だけに刺激を与えるため、反動をつけるなど、日常的にしている動きを抑えるトレーニング法。その意味では非合理的な動きだが、筋肉をつけるためには合理的な動きとなる。本書ではすべてストリクト法を用いている。

チーティング法

チーティングは「ズル」という意味。反動を使ったり、重力を利用するなどして体を動かす方法。合理的な動きであるためスポーツ選手にとっては有効だが、鍛えたい部位にかかる負担は弱く、筋肉をつけるには非効率的。チーティング法には主に下記の４つがある。

代償

主動筋とは別の筋肉が動作を手伝うこと。負荷が分散するため、体を楽に動かせる反面、主動筋に効かなくなる。例えば腰の筋肉を鍛えるロアー・バックで、股関節を軸に体が動くとお尻の筋肉の代償が働いてしまう。（下記写真参照）

反動

体を動かしたい方向と、逆方向に一度体を振り、そこで起こる筋肉の反射作用を利用して体を動かしやすくする方法。上腕二頭筋を鍛えるダンベル・アーム・カールで、一旦ダンベルを後方に振ってからヒジを曲げる動きが典型的。

反作用

体をぶつけて、その反作用の力を使って体を動かす方法。ベンチプレスを行うときにバーを胸に当ててから持ち上げたり、腹筋の際、床に背中を強く当ててから上体を起こすのがその典型例。

重力

重力に引っ張られる力を利用して体を動かす方法。例えば腹筋の際、一旦お尻を浮かせて、そのお尻をストンと落としてから上体を起こしたり、スクワットで立ち上がる時に一旦前屈みになるのがその典型。

チーティング法

ストリクト法

ポイント② 重力に逆らって筋力を発揮する

自重筋トレでは重力を抵抗にして筋力を発揮する。重力に引っ張られる方向と、筋肉が力を発揮する方向が真逆になるように本書の指示に従ってフォームを整えることが大切だ。

ポイント③ 筋肉を大きく伸縮させる

筋肉が一番伸びた状態と縮んだ状態を作ることで、トレーニング効果を高めることができる。

フルレンジ法
関節可動域いっぱいに、筋肉を大きく動かすこと。筋トレの基本。ただし、代償のない範囲で行う。

パーシャルレンジ法
関節可動域の一部で、筋肉を小さく動かすこと。負荷を微調整するために採用される。

ポイント④ 関節に負担をかけない

筋トレでは、関節に負担をかけないことが大事だ。筋肉は刺激を受けると、次に負荷がかかったときには耐えうるように強く太くなる。しかし、関節は消耗品であり、損傷するとなかなか回復しない。本書で紹介する筋トレのフォームで正確に行えば、筋肉を最大に刺激しながら関節の負担を抑えることができる。

つま先の真上にヒザが乗っていないとヒザ関節に負担がかかる。

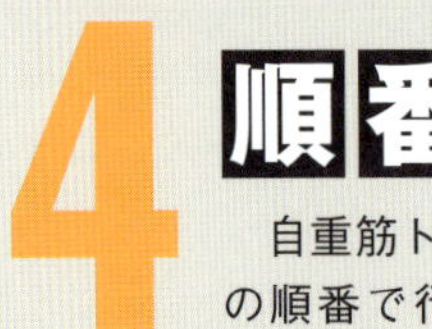

順番

自重筋トレは下半身、上半身、体幹の順番で行うのがベスト。体全体の筋肉の60％が集中している下半身は、もっともエネルギーを必要とするので最初に鍛えるべき。姿勢づくりに重要な体幹が疲労すると筋トレのフォームが崩れてしまうので、一番最後に鍛える。

下半身
例：スクワット
→
上半身
例：腕立て伏せ
→
体幹
例：腹筋

5 スピード

筋肉に適度な刺激を与えるために、体や重りを下から上にあげる（上昇）動作に1秒、下げる（下降）動作に2秒使って、ゆっくり動かそう。高速で行うと、実際に筋肉が発揮する力は小さくかつ短時間になるため、鍛えたい部位のトレーニング効果が薄まる。トレーニングの刺激を強めたい場合は、上昇動作に2秒、下降動作に4秒かけよう。

上から下におろす
（エキセントリック）

下から上にあげる
（コンセントリック）

負荷と回数とインターバル

単に回数をこなすトレーニングでは筋肉はつかない。自分のレベルに合った負荷をかけ、鍛えたい筋肉を十分に使う重さで、適切な回数とセット数と適度なインターバル（休息）を取ろう。

10回反復できる負荷

負荷の目安は、6～15回反復できる重さ。ただし、あと1～2回できる余力を残す。6回続かない場合は力はつくが筋肥大しにくく、16回以上続けられるなら持久力はつくが、やはり肥大しにくい。

セット法でセット間に30～90秒休む

鍛えたい筋肉を十分に刺激するには3セット行うセット法が効果的。筋肉が力を発揮したあと、回復までに30～90秒かかるので、セットとセットの間に休息を挟もう。種目間も同様に。

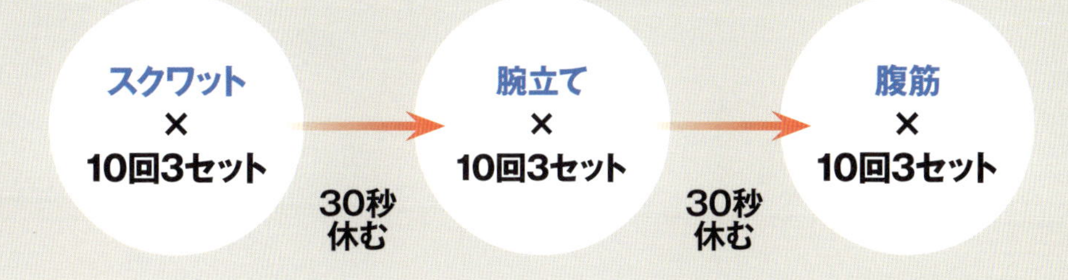

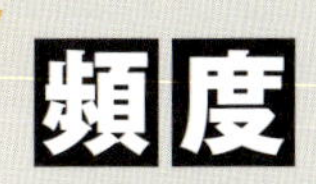

7 頻度

筋トレ後に筋肉が回復するまでにはおよそ48時間かかるので、トレーニングの間は1～2日空ける必要がある。筋力アップを求めるなら、週2～3日のトレーニングが理想。筋力維持が目的なら週1日で問題ない。

月	火	水	木	金	土	日
OFF	トレーニング	OFF	トレーニング	OFF	トレーニング	OFF

目的別＆目指したい体型別！トレーニングの組み立て例

細マッチョ体型

→ 体脂肪を減らしつつ筋肉をつける

<導入＆時短プログラム3種目>

最初の4週間は次の3種目で体を慣らす。
その後も忙しい日はこちらを行う。

<推奨プログラム9種目>

4週間後、毎週1つずつ④から順番に加えていき、種目数を増やす。

①スクワット
②プッシュ・アップ
③クランチ
　＋④ヒール・レイズ→P76
　＋⑤ショルダー・プレス→P58
　＋⑥ロアー・バック→P82
　＋⑦ヒップ・リフト→P70
　＋⑧ワンハンド・ロウイング→P102 or
　　ロー・ロウイング→P104
　＋⑨アーム・カール→P110 or 112

がっちりマッチョ体型

→細マッチョを経てさらに全体に筋肉をつける

<導入&時短プログラム6種目>

最初の4週間は次の6種目で体を慣らす。その後も忙しい日はこちらを行う。

<推奨プログラム12種目>

4週間後、毎週1つずつ⑦から順番に加えていき、種目数を増やす。

①スクワット
②プッシュ・アップ
③クランチ
④ヒップ・リフト
⑤ショルダー・プレス
⑥ロアー・バック

＋⑦リバース・プッシュ・アップ→P64
＋⑧ワンハンド・ロウイング→P102 or ロー・ロウイング→P104
＋⑨トランク・ツイスト→P88
＋⑩ヒール・レイズ→P76
＋⑪サイド・レイズ→P106
＋⑫アーム・カール→P110 or 112

逆三角形体型

細マッチョを経て、さらに上半身をメインに筋肉をつける

<導入&時短プログラム6種目>

最初の4週間は次の6種目（すべてレベル4）で体を慣らす。その後も忙しい日はこちらを行う。

<推奨プログラム12種目>

4週間後、毎週1つずつ⑦から順番に加えていき、種目数を増やす。

①シングル・スクワット	＋⑦ヒール・レイズ→P76
②インクライン・プッシュ・アップ	＋⑧ワンハンド・ロウイング→P102 or ロー・ロウイング→P104
③ストレート・アーム・クランチ	
④フロアーショルダー・プレス	＋⑨ラテラル・レイズ→P108
⑤レベル・リバース・プッシュ・アップ	＋⑩スパイン・トランク・ツイスト→P88
⑥スタンディング・ロアー・バック	＋⑪インクライン・チェスト・プレス→P100
	＋⑫アーム・カール→P110 or 112

アスリート体型

細マッチョを経て、さらに競技パフォーマンスを支える筋肉をつける

<導入&時短プログラム6種目>

最初の4週間は次の6種目で体を慣らす。その後も忙しい日はこちらを行う。

①シングル・スクワット→P37
②インクライン・プッシュ・アップ→P45
③ストレート・アーム・クランチ→P53
④バーチカル・シングル・ヒール・レイズ→P81
⑤フロアー・ショルダー・プレス→P63
⑥スタンディング・ロアー・バック→P87

<推奨プログラム10種目>

4週間後、毎週1つずつ⑦から順番に加えていき、種目数を増やす。

①シングル・スクワット
②インクライン・プッシュ・アップ
③ストレート・アーム・クランチ
④バーチカル・シングル・ヒール・レイズ
⑤フロアー・ショルダー・プレス
⑥スタンディング・ロアー・バック
＋⑦シングル・レッグ・ヒップ・リフト→P70
＋⑧ワンハンド・ロウイング→P102 or ロー・ロウイング→P104
＋⑨スパイン・トランク・ツイスト→P88
＋⑩アーム・カール→P110 or 112

超時短プログラム「サーキットトレーニング」

基本のセット法では10回×3セット、セット間と種目間にそれぞれ平均1分（30～90秒）のインターバルを挟む。それに対して、サーキット法は複数の種目を連続で行って、セット間のインターバルを割愛できるため、短時間で実施できる。

例）細マッチョ体型の<導入、時短プログラム3種目>を2セット（2サイクル）行う場合

<セット法>

パラレルスクワット、プッシュ・アップ…**30秒トレーニング＋1分休憩**（セット間休憩）
＋30秒トレーニング＋1分休憩（種目間休憩）**＝3分**
アブドミナル・クランチ…**30秒トレーニング＋1分休憩**（セット間休憩）
＋30秒トレーニング（最後の種目なので種目間休憩はし）**＝2分**
総トレーニング時間＝3分＋3分＋2分＝8分

<サーキット法>

1セット（1サイクル）…**30秒＋30秒＋30秒＝1分30秒**
総トレーニング時間…1分30秒×2＝3分

筋肉MAP

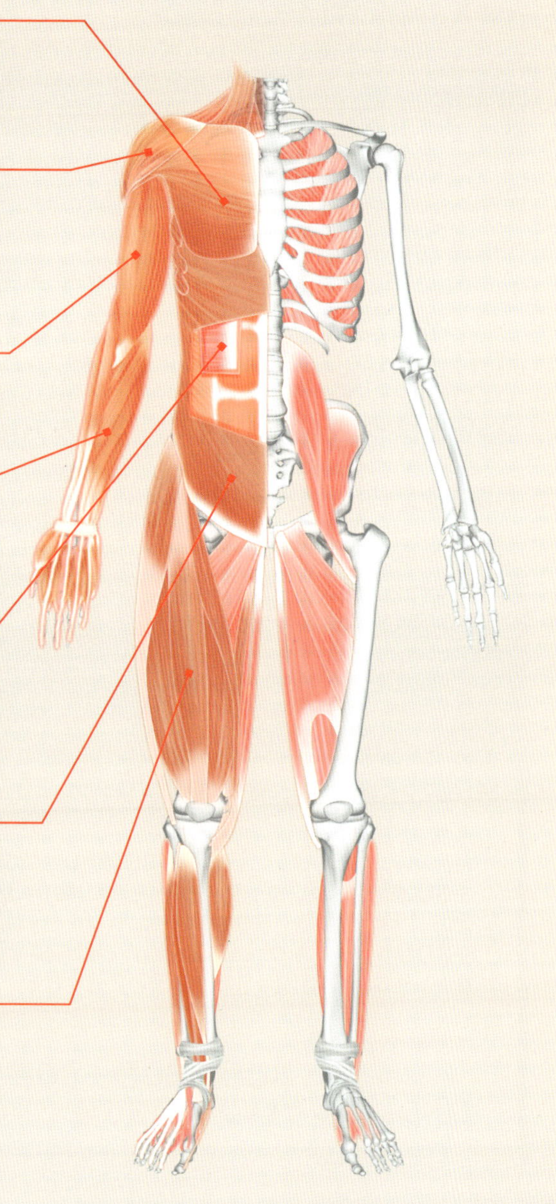

■大胸筋

胸板の厚みを作る、胸で一番大きい筋肉。腕を後ろから前にもってくる、上から下に降ろすなどの動作で使う。

■三角筋

腕を上下前後左右どの方向に動かすときにも使い、物を上に持ち上げる際に、特に力を発揮する。広い肩幅を作る筋肉でもある。

■上腕二頭筋

上腕の前側につき、ヒジを曲げるときに使う筋肉。マッチョな力こぶを作る。

■前腕部

物をつかんだり、手首を内側に曲げるとき、反らすときに使う筋肉。パソコン作業でも使っている。男性が日常的に露出している唯一の部位。

■腹直筋

腹部の前側にあり、肋骨と骨盤を結びつける筋肉。背中を丸める働きをする。ここを鍛えることで腹筋が割れる。

■腹斜筋

わき腹の筋肉。内腹斜筋、外腹斜筋が同時に動き、体をひねる動作や横に曲げる動作で多用される。腹直筋とともに内臓を抑える役目もある。

■大腿四頭筋

太ももの前側にあり、もっとも大きく強い筋肉。ヒザを伸ばす働きをする。

この筋肉を強化！

■僧帽筋

背中側の上部にある大きな筋肉。上部、中部、下部に別れており、上部は肩をすくめ、中部と下部は肩甲骨を寄せる働きがある。

■菱形筋

脊椎から左右の肩甲骨に向かって伸びる一対になった筋肉。肩甲骨を寄せて胸を張るときに働くので、筋力を高めれば猫背が改善される。

■上腕三頭筋

腕の裏側につき、ヒジを伸ばすときに使う筋肉。上腕二頭筋よりもボリュームが大きく、男らしい腕を作るために必須。

■広背筋

背中全体を覆う筋肉で、上部のボリュームが多い。腕を上から下にさげたり、前から後ろに引く動作で働く。

■脊柱起立筋

体の支柱となる脊柱を支える大きく長い筋肉。腰付近の量が多く、背骨を伸ばす働きを持つ。強化すれば、体幹の安定につながる。

■大殿筋

お尻の後ろ側にあり、前にある足を後方に引くときに使う。立つ、走る、跳ぶなど、日常生活はもちろん、競技動作でも重要となる。

■ハムストリングス

太ももの裏にある筋肉。ヒザを曲げるだけでなく、大殿筋とともに足を後方に振る働きがある。鍛えることで足のラインが整う。

■下腿三頭筋

（腓腹筋・ヒラメ筋）

足首を伸ばす動作で働く、ふくらはぎの筋肉。ヒザを伸ばしているときには主に腓腹筋、曲げているときにヒラメ筋を使う。

エクササイズページの見方

第１章「筋トレはフォームがすべて！　坂詰式 正しい“腕立て伏せ・腹筋・スクワット”を知ろう」と第２章「『部位別』自重筋トレ６種」で紹介している各筋トレ種目の見方です。ポイントを一つひとつ確認しながら、“正しいフォーム”を習得すれば、筋トレの効果は格段に上がります。

■この筋肉を強化！

その種目で鍛えられる筋肉＝主動筋を、イラストを使って分かりやすく表記。本書に従って正しいフォームで行えば、各種目の主動筋が意識できます。

■回数・目安

適切な回数、セット数、休息時間の目安を表記しています。回数は6～15回の範囲で、ただしあと1～2回できる余裕をもって終えてください。回数・セット数・休息時間は体調と体力に合わせて調整しましょう。

■動作手順

どういったフォーム、呼吸、動作速度で動けばよいかを、写真と文章で端的に解説しています。

■ポイント

各筋トレの種目で、しっかり筋肉に効かせるポイントを示しています。ポイントには番号が振ってあり、次ページ以降に各ポイントの詳細を明記しています。筋トレを“正しいフォーム”で行うために、しっかりと目を通しましょう。

■ポイントの詳細

動作手順のページで示したポイントの詳細を明記しています。別角度からの写真などを使って、より分かりやすく解説しています。

■NG

実際にプログラムに取り組む際に誤りやすい動作を「NG」として表記しています。正しく行わなければ、筋肉が鍛えられないだけでなく、ケガをする恐れがありますので、注意しましょう。

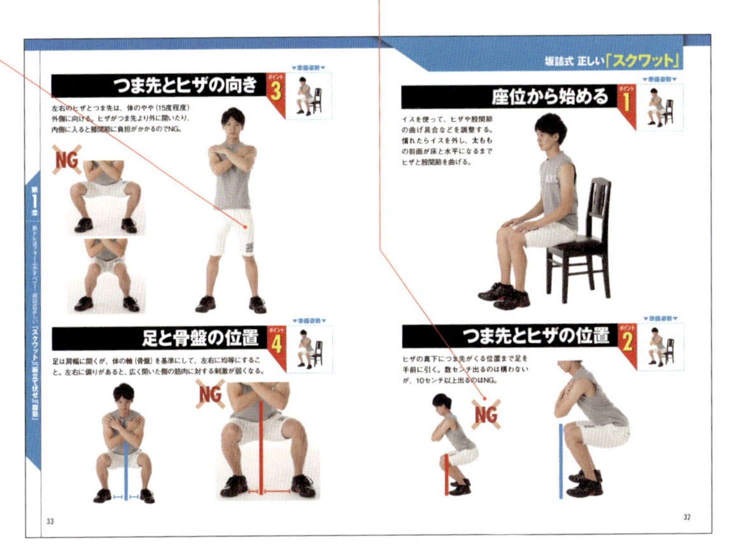

■4段階の強度別バリエーション

各トレーニング種目のバリエーションを、レベル1から4の4段階で紹介。レベルが上がるほど強度が増します。基本メニューで紹介するポイントは他のバリエーションでも同じです。無理せず、自分の筋力や体調に合ったレベルで、実践してみてください。

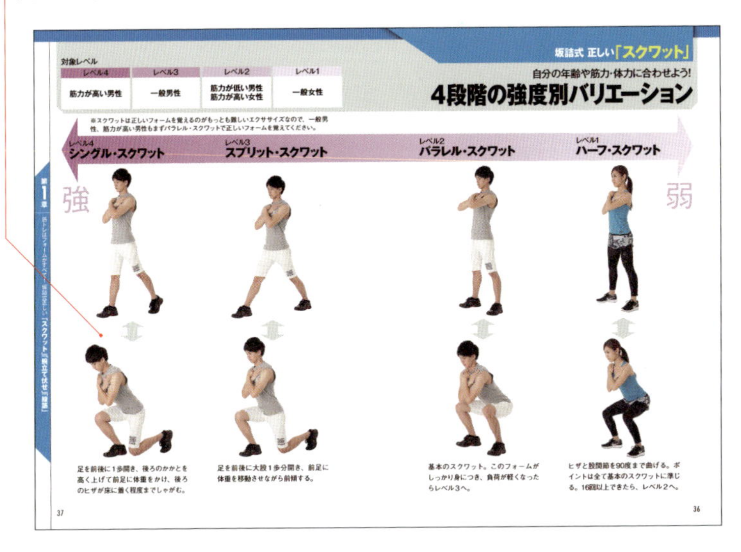

COLUMN

腹を凹ませ、憧れの6パックになるには腹筋運動がベスト?

お腹を凹ませたい、あるいは6つに割れた腹筋、いわゆる6パックを獲得したいと腹筋運動に励む人は少なくありませんが、残念ながらそれだけでは結果は出ません。

そもそも腹筋=腹直筋は誰でも割れています。腹直筋の真ん中には縦に「白線」という部分が、また横には「腱画」という固い部分が等間隔で横に入っていて、腹直筋を卵のパックのように分けています。割れて見えない人は、その上を体脂肪がたっぷり覆っているために腹直筋のメリハリが見えにくくなっているだけなのです。

体脂肪が増える最大の原因は、徐々に全身の筋肉が衰えて基礎代謝が低下していくことにありますから、腹筋運動だけでなく、全身をバランスよく筋トレで鍛える必要があるのです。全身の筋肉を鍛えて基礎代謝が上がれば、お腹の内側にある内臓脂肪も外側の皮下脂肪も減りますから、お腹は顕著に凹んできます。

第1章

筋トレはフォームがすべて！

坂詰式 正しい「スクワット」「腕立て伏せ」「腹筋」

「スクワット」「腕立て伏せ」「腹筋」は、それぞれ下半身、上半身、体幹をまんべんなく鍛えられる「３大自重筋トレ」。この３つのエクササイズを正しいフォームで行えば、全身の主要な筋肉がバランスよく鍛えられ、確実に成果が出ます。

パラレル・スクワット

準備姿勢 イスを壁に寄せ、座面の端にお尻を乗せて足を肩幅程度に開いて前傾。両手を胸の前でクロスさせる。

この筋肉を強化!

①大腿四頭筋
②大臀筋
③ハムストリングス

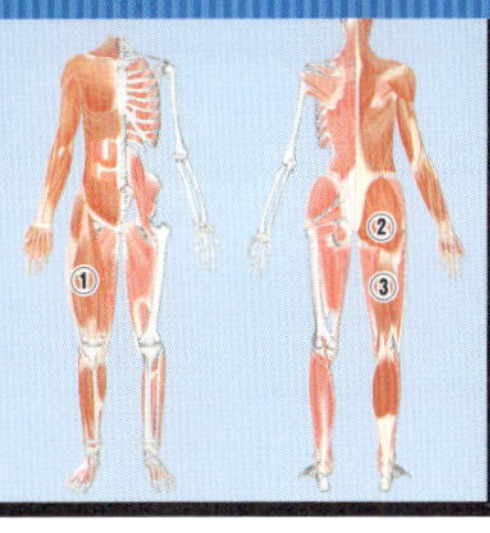

回数・目安

10回×3セット(休息1分)

全身の6割の筋肉が集中する下半身をまんべんなく鍛えてくれる、トレーニングの王様。代謝アップにもつながる。

動作手順

1→2 息を吐きながら1秒で、ヒザと股関節を伸ばして直立する。

2→1 息を吸いながら2秒で、座面にお尻が触れる元の姿勢に戻る。

▼準備姿勢▼

座位から始める

ポイント 1

イスを使って、ヒザや股関節の曲げ具合などを調整する。慣れたらイスを外し、太ももの前面が床と水平になるまでヒザと股関節を曲げる。

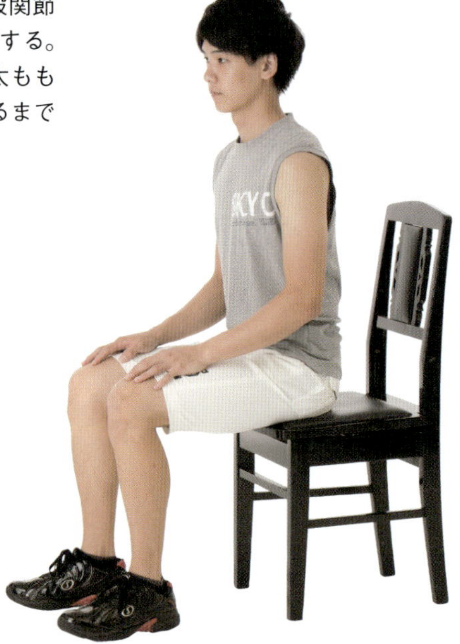

▼準備姿勢▼

つま先とヒザの位置

ポイント 2

ヒザの真下につま先がくる位置まで足を手前に引く。数センチ出るのは構わないが、10センチ以上出るのはNG。

つま先とヒザの向き

ポイント 3

▼準備姿勢▼

左右のヒザとつま先は、体のやや（15度程度）外側に向ける。ヒザがつま先より外に開いたり、内側に入ると膝関節に負担がかかるのでNG。

足と骨盤の位置

ポイント 4

▼準備姿勢▼

足は肩幅に開くが、体の軸（骨盤）を基準にして、左右に均等にすること。左右に偏りがあると、広く開いた側の筋肉に対する刺激が弱くなる。

ポイント5 上半身の姿勢

▼準備姿勢▼

頭からお尻まで一直線になるように背すじを伸ばし、30度ほど前傾する。背中を丸めても、反らしても腰に負担がかかるのでNG。

NG

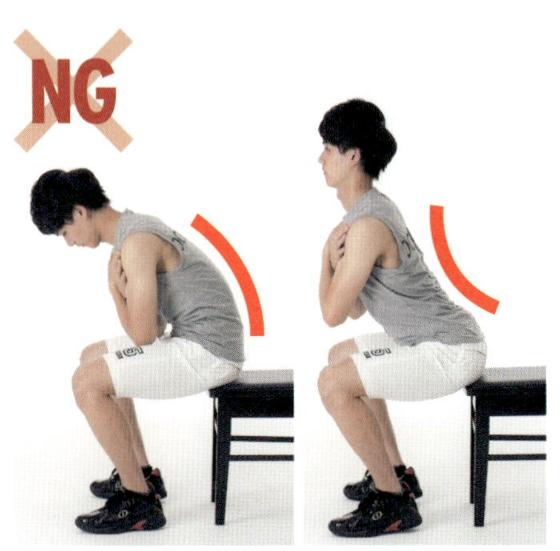

ポイント6 足首が硬い場合

▼準備姿勢▼

足首が硬い場合、しゃがむと後方に倒れやすいので注意が必要。かかとの下に2～3センチ程度の厚みの板などを置こう。

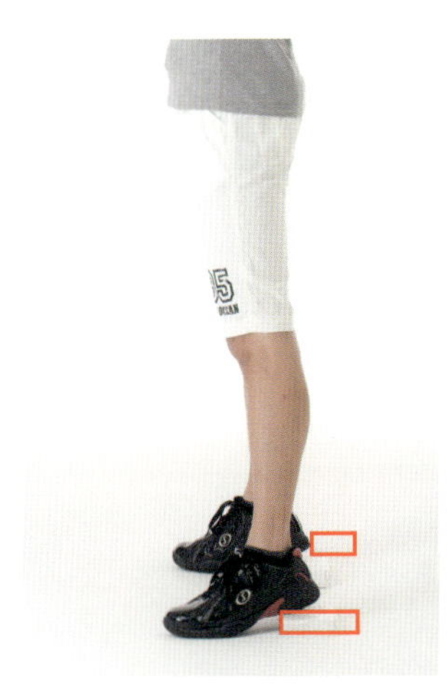

▼1→2▼

上半身の角度

ポイント 7

お辞儀をするように前傾を強めてから立ち上がらないこと。重力を利用してしまうので、下半身の筋肉にかかる負荷が弱まってしまう。

▼2→1▼

下半身の使い方

ポイント 8

ヒザと股関節は同時に曲げ伸ばしすることで、下半身全体の筋肉をまんべんなく使うことができる。ヒザと股関節、どちらかを先行させないように。

自分の年齢や筋力・体力に合わせよう!

4段階の強度別バリエーション

弱

レベル2

パラレル・スクワット

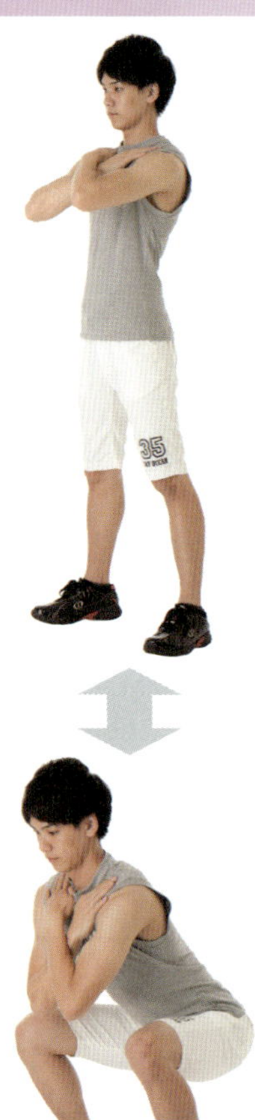

基本のスクワット。このフォームがしっかり身につき、負荷が軽くなったらレベル3へ。

レベル1

ハーフ・スクワット

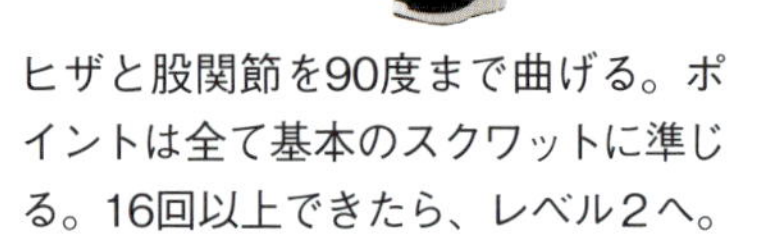

ヒザと股関節を90度まで曲げる。ポイントは全て基本のスクワットに準じる。16回以上できたら、レベル2へ。

対象レベル

レベル4	レベル3	レベル2	レベル1
筋力が高い男性	一般男性	筋力が低い男性 筋力が高い女性	一般女性

※スクワットは正しいフォームを覚えるのがもっとも難しいエクササイズなので、一般男性、筋力が高い男性もまずパラレル・スクワットで正しいフォームを覚えてください。

レベル4
シングル・スクワット

強

足を前後に1歩開き、後ろのかかとを高く上げて前足に体重をかけ、後ろのヒザが床に着く程度までしゃがむ。

レベル3
スプリット・スクワット

足を前後に大股1歩分開き、前足に体重を移動させながら前傾する。

プッシュ・アップ

準備姿勢　うつ伏せ姿勢となり、片ヒザが床についた状態で、両手を肩幅より広めに開いて腕を伸ばす。

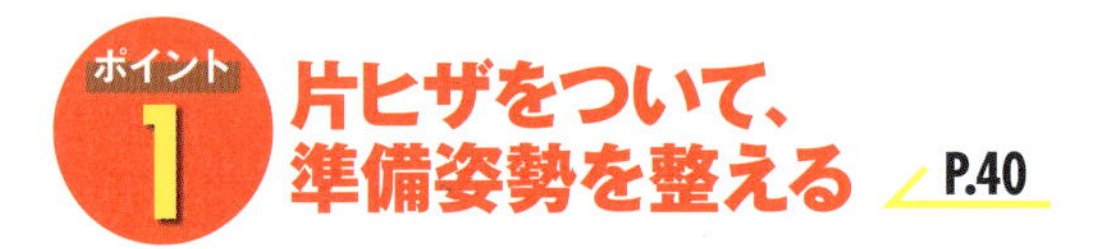

この筋肉を強化!

①三角筋
②大胸筋
③上腕三頭筋

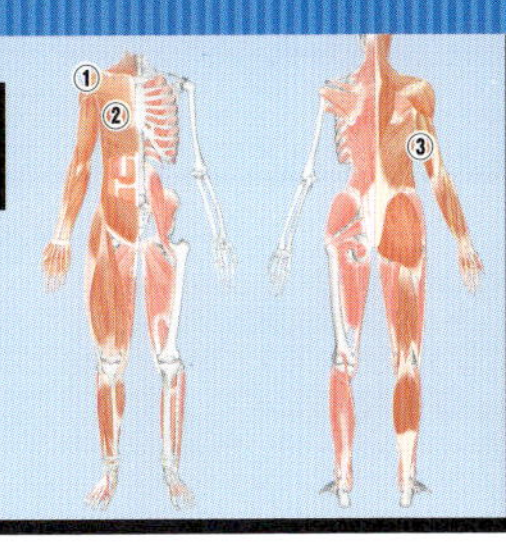

回数・目安

10回 × 3セット (休息1分)

上半身の筋トレの代表、腕立て伏せ。押す動きで胸、肩、腕の筋肉を鍛え、引き締まったカッコいい上半身を作る。

動作手順

1→2 息を吸いながら2秒で、ヒジを90度程度曲げて上体を沈める。

2→1 息を吐きながら1秒で、腕を伸ばして元の姿勢に戻る。

▼準備姿勢▼

片ヒザをついて準備姿勢を整える

ポイント 1

両手だけではなく、片方のヒザを曲げて床につけることで、手の位置などを調整しやすくなり、正しいフォームとなる。

▼準備姿勢▼

肩甲骨を寄せて胸を張る

肩甲骨を寄せたまま行う。肩甲骨を動かす筋肉の働きを抑えることで、胸の筋肉だけを使って効率よく鍛えられる。

ポイント3 手の幅

肩幅の2倍程度開く。上体を沈めたときに、前腕が床と垂直になることで、腕に頼らず、胸の筋肉をしっかり使うことができる。

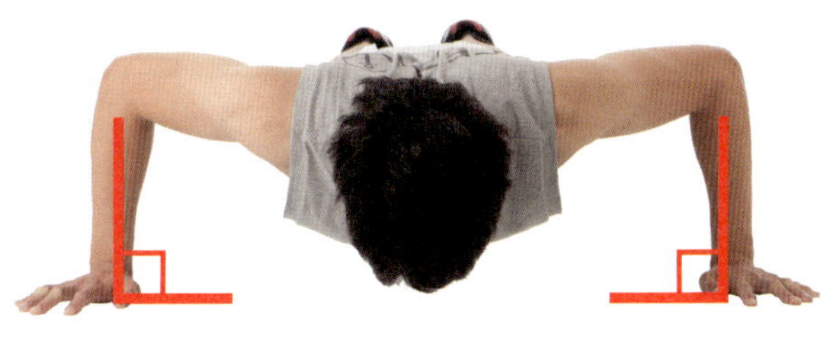

▼準備姿勢▼

ポイント4 手の位置

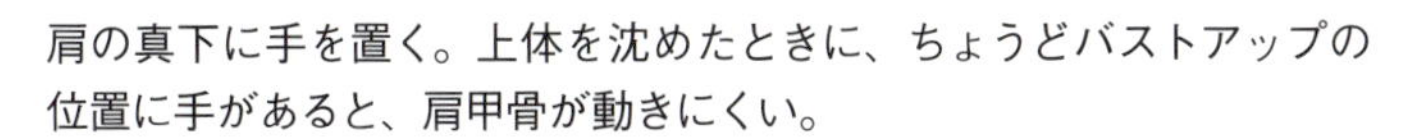

肩の真下に手を置く。上体を沈めたときに、ちょうどバストアップの位置に手があると、肩甲骨が動きにくい。

手の形 ポイント5

指先を45度外に向け、さらに指の間を広げる。上体を沈めた際にかかる手首の負担が軽減され、かつ手が外側に滑りにくい。

▼1→2▼

全身の形① ポイント6

お尻が下がると背中の筋肉も使ってしまうので、胸の負荷が弱まる。腰痛の原因にもなるので、腰を反らさないこと。

▼1→2▼

肩甲骨 ポイント7

肩を前後させず、肩甲骨をできるだけ寄せた状態を保ったまま腕を曲げ伸ばしすることで、大胸筋をしっかり刺激することができる。

▼2→1▼

全身の形② ポイント8

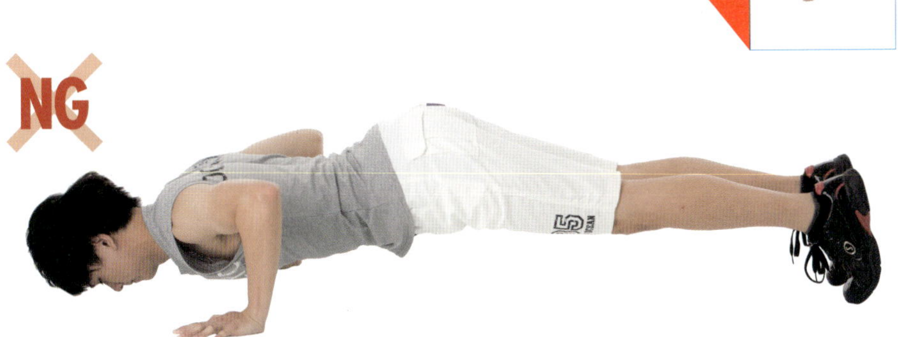

動作中、頭から足まで一直線に保つことが大事。お尻が上がって頭が下がると、大胸筋上部の負荷は強まるが、下部に効かなくなる。

自分の年齢や筋力・体力に合わせよう!

4段階の強度別バリエーション

弱

レベル1

パラレル・プッシュ・アップ

ヒザを床につけて曲げ、上半身を床と平行にした状態から開始する。16回以上続けられるようであれば負荷が足りないので、レベル2を行おう。

レベル2

プッシュ・アップ・オン・ニー

両ヒザを床につけ、足首を交差させた状態で行う。頭からヒザまでを一直線に保ったまま行おう。

対象レベル

レベル4	レベル3	レベル2	レベル1
筋力が高い男性	一般男性	筋力が低い男性 筋力が高い女性	一般女性

レベル4
インクライン・プッシュ・アップ

レベル3
プッシュ・アップ

両足をイスの座面に乗せて行う。前につんのめって頭を打たないように、胸の筋肉をしっかり使おう。

基本のエクササイズ。6回以上続けるのが難しい場合はレベル2に下げ、逆に16回以上で余裕をもってできる場合はレベル4へ。

アブドミナル・クランチ

準備姿勢 仰向けになり、イスの座面に足を乗せ、両手で頭を支える。

この筋肉を強化!

①腹直筋
②腹斜筋

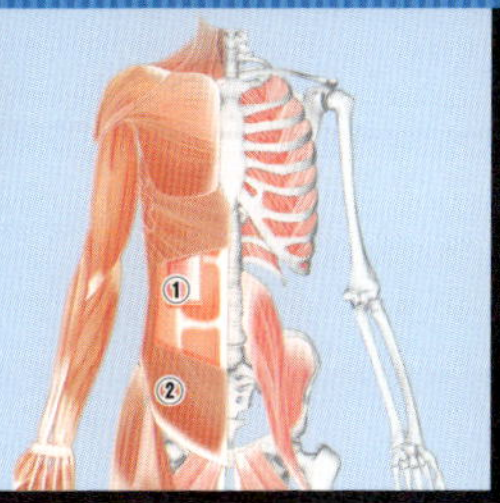

回数・目安

10回
×
3セット
(休息1分)

体幹の前面にある腹直筋、腹斜筋を両方鍛え、引き締まったお腹へと導くトレーニング。腰痛の予防にも重要。

動作手順

1→2 息を吐きながら1秒で背中を丸める。

1→1 息を吸って2秒で元の姿勢に戻る。

動きの確認

ポイント1

寝て体を動かす前に、イスに座った状態でフォームを確認する。イスに座り、お腹を十分にストレッチしてからおへそを軸に背中を丸める。イスの背もたれから骨盤が離れたらNG。

▼準備姿勢▼

足の形

ポイント2

股関節とヒザが90度に曲がる位置で、両足をイスの座面に乗せる。イスが遠いと腰と床の間にすき間ができ、腰を使った反動で上がりやすくなる。

NG

▼準備姿勢▼

お腹の形

できるだけ腹筋を伸ばすために、息を吸いながら胸を膨らませて肋骨を高く引き上げることが大事。

▼準備姿勢▼

腕の形

ポイント 4

手を側頭部に置き、わきを締める。腕が平行になるようにセットする。ヒジを外に開くと、腕を閉じる勢いを利用して上体を起こしやすいのでNG。

▼準備姿勢▼

手の形

ポイント 5

頭の重さを支える首の前部の負担をなくすため、指先を後頭部にかけて腕で頭を支える。手を頭の後ろで組んでしまうと首を強く曲げやすいため、この支え方がベスト。

▼2→1▼

骨盤を動かさない

ポイント 6

一旦お尻を浮かせてから、重力によって落ちる勢いを利用すると楽にできるが、その反面、腹筋の負荷は弱まってしまう。骨盤を床につけたまま背中を曲げ伸ばしする。

▼2→1▼

ポイント7 上げる位置

上体が上がったとき、目線が太ももの上部1／3程度にあれば正しいフォーム。足が座面から浮くときは、股関節が曲がり始めている証拠なのでNG。

NG

▼2→1▼

ポイント8 腕

手は側頭部につけたまま行い、腕を前に振る勢いを利用しないこと。頭を支える手が離れると首に負担もかかってしまう。

自分の年齢や筋力・体力に合わせよう!

4段階の強度別バリエーション

レベル2 クロスアーム・クランチ

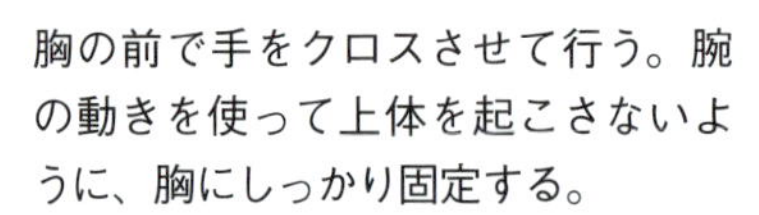

胸の前で手をクロスさせて行う。腕の動きを使って上体を起こさないように、胸にしっかり固定する。

レベル1 サポーティッド・クランチ

タオルを使って頭を支える。タオルの真ん中に頭を置き、ヒジを直角に曲げてタオルを持つ。腕の位置が支点のおへそに近づき負荷が弱まる。

対象レベル

レベル4	レベル3	レベル2	レベル1
筋力が高い男性	一般男性	筋力が低い男性 筋力が高い女性	一般女性

腕を頭上に伸ばして行う。ヒジを伸ばして頭を両腕で挟み、腕の角度を変えずに背中を曲げ伸ばす。腕が支点から離れることで負荷が強まる。

基本のエクササイズ。正しく6回以上行えない場合は負荷が強すぎるので、レベル2から行い、16回以上できる場合はレベル4に移る。

COLUMN

筋力アップだけじゃない筋トレの効果

筋トレは筋力を上げて体力を高めたり、体型を整えるだけでなく、人生にとって様々なご利益があります。まず筋トレで筋肉量が増えると基礎代謝が上がり、体脂肪を燃焼しやすい体に変わります。そもそも加齢で体脂肪が増える大きな原因は少しずつ筋肉が減っていくことにあります。ですから、根本的に体脂肪を減らしたいなら筋トレは必須なのです。

体脂肪が減ればメタボリックシンドロームや生活習慣病のリスクが低下します。基礎代謝が上がれば体の冷えが改善されたり、免疫力が上がって感染症にかかりにくくなり、回復も早くなります。

中高年になるとヒザや腰などの関節が変形したり、骨密度が低下するなどの問題が起きますが、筋肉がつけば関節の負担を和らげますし、筋トレには骨密度の低下を防ぐ働きもあります。その他、姿勢の改善、介護予防にも筋トレは大きな効果を発揮します。

第2章

「部位別」自重筋トレ6種

この章で紹介するのは、第１章の「スクワット」「腕立て伏せ」「腹筋」ではカバーできない部位（筋肉）を鍛える自重筋トレ、６種目です。第１章と第２章のメニューを合わせれば、全身の主要な筋肉をまんべんなく強化できます。

「部位別」自重筋トレ6種

「スクワット」「腕立て伏せ」「腹筋」ではカバーしにくい筋肉を強化していこう！

3大種目にプラスして全身をくまなく強化しよう

スクワット、プッシュ・アップ、クランチの「3大自重筋トレ」に慣れてきたら、その他の部位も鍛えたい。より多くの筋肉を鍛えれば、体型のバランスが整い、姿勢がよくなり、基礎代謝が上がって体脂肪がつきにくい体に変わる。

ここではさらに6つのエクササイズを紹介。20〜23ページの「トレーニングの組み立て例」を参考に、自分に必要な種目を毎週1種目ずつ増やして行こう。9種目すべてを行っても時間はたったの30分。これなら無理なくできるはず。

3大自重筋トレ同様、最重要視すべきはフォーム。最初、回数は6回、セット数は1回からはじめ、正しいフォームを習得したら回数とセット数を徐々に増やそう。

1 ショルダー・プレス

強化部位 肩（三角筋・僧帽筋）

58ページ

2 リバース・プッシュ・アップ

強化部位 上腕の後面（上腕三頭筋）

64ページ

3 シングル・レッグ・ヒップ・リフト

強化部位 殿部（大殿筋）・太ももの裏（ハムストリングス）

70ページ

4 シングル・ヒール・レイズ

強化部位 下腿部（腓腹筋・ヒラメ筋）

76ページ

5 ロアー・バック

強化部位 腰背部（脊柱起立筋・多裂筋・腰方形筋）

82ページ

6 スパイン・トランク・ツイスト

強化部位 腹部（腹斜筋）

88ページ

ショルダー・プレスで肩を鍛える

準備姿勢

手を肩幅の2倍に開いて、安定させた机の端に置き、腕を伸ばす。一方の足をお尻の真下に置いたまま、もう一方の足を半歩後方に引き、お尻を突き出して背すじを伸ばす。フォームが整ったら前の足を引いて両足を揃える。

この筋肉を強化!
①三角筋
②僧帽筋

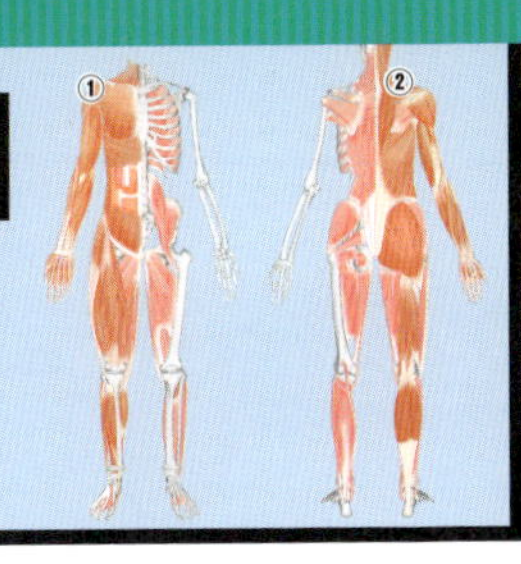

回数・目安

10回 × 3セット（休息1分）

男らしい肩幅を作る肩部の筋肉を鍛える種目。肩を外側にひねる力が働くため、肩関節がゆるい人、肩に痛みを感じる場合は行わないこと。

動作手順

1→2 息を吸いながら2秒で、額が机の端に触れるまで両ヒジを曲げる。

2→1 息を吐きながら1秒で、両腕を伸ばして元の姿勢に戻る。

ポイント1 エアで形を整える

腕で体を支えた状態で正しいフォームを作るのは難しい。まずはエアで行おう。腕は真上ではなくやや斜め前に伸ばす。

ポイント2 手の幅

▼準備姿勢▼

手は肩幅の２倍まで広げる。

肩の使い方

ポイント 3

▼2→1▼

ヒジの曲げ伸ばしをするだけではなく、肩を動かす。腕を伸ばすときには大きく肩をすくめ、腕を曲げるときにはしっかり肩を落とす。

前腕の角度

ポイント 4

▼2→1▼

ヒジを曲げる際、上にあがって肩関節を内旋させると肩関節に負担がかかり、肩の筋肉も正しく使われない。床に対する前腕の角度を変えずに行うこと。

自分の年齢や筋力・体力に合わせよう!

4段階の強度別バリエーション

弱

レベル2
バーチカル・ショルダー・プレス

基本のショルダープレスよりも両足の位置を机に寄せることで上半身にかかる負荷が弱まる。両足が股関節の真下にくる位置からスタート。

レベル1
ニーリング・ショルダー・プレス

机を使わず、床にヒザをついて、手の間に置いたタオルに額を近づけていく。腕の幅などポイントはすべて基本のエクササイズと同じ。

対象レベル

レベル4	レベル3	レベル2	レベル1
筋力が高い男性	一般男性	筋力が低い男性 筋力が高い女性	一般女性

レベル4
フロアー・ショルダー・プレス

レベル3
ショルダープレス

強

手を床に置いて腕を伸ばし、お尻を突き出した状態からヒジを曲げていく。頭を床にぶつけないよう必ず頭の位置にタオルを置いて行うこと。

基本のエクササイズ。正しいフォームで余裕をもって6回できない場合はレベル2へ、16回以上楽にできてしまう場合はレベル4へ移行する。

リバース・プッシュ・アップで上腕の背面を鍛える

準備姿勢 イスの端にお尻を乗せ、座面の側面を握って足を前に出してヒザを曲げる。かかとを床につけて足首を直角に曲げる。

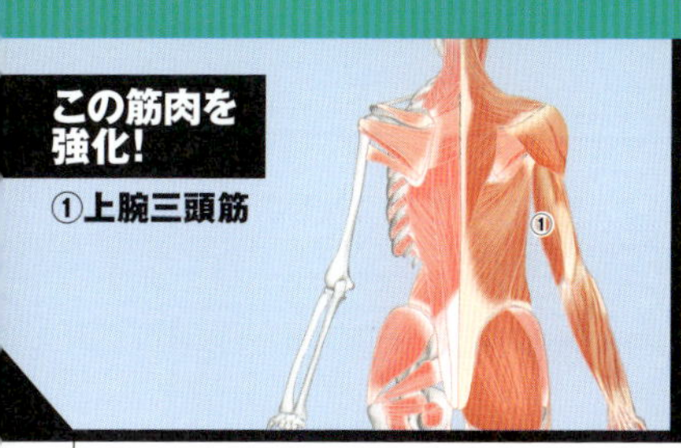

回数・目安

10回
×
3セット
(休息1分)

男らしい力強い腕を構成する、上腕の後ろ部分を鍛えるエクササイズ。安定感のあるイスを使って安全に行おう。

動作手順

1→2 腕と上半身をまっすぐに保ったまま、お尻を座面から外し、息を吸いながら2秒で、ヒジを曲げて体を沈める。

2→1 続けて息を吐きながら1秒でヒジを伸ばして元の姿勢に戻る。

ポイント4 腕の曲げ方 P.67

▼準備姿勢▼

座面に座って体勢を整える ポイント1

イスからお尻が浮いた状態では腕に体重がかかるためフォームを調整しにくい。イスに座った状態で行うと正しいフォームが作りやすい。

▼準備姿勢▼

座面を握る位置 ポイント2

NG

座面の前面ではなく側面を握ること。前部分を握ると、ヒジを曲げたときに外側に開いてしまい肩関節に負担がかかり、トレーニング効果が薄まる。

背中とお尻の位置 ポイント3

背中とお尻がイスから離れると肩関節に負担がかかり、上腕三頭筋に効かなくなる。背中かお尻が座面に触れる位置で、腕を曲げ伸ばしする。

腕の曲げ方 ポイント4

体を深く沈めようと、肩をすくめたり背中を丸めると胸などの筋肉が働いて腕の負荷が弱まってしまう。背すじを伸ばして肩を落としたままヒジを曲げ伸ばしすること。

自分の年齢や筋力・体力に合わせよう!

4段階の強度別バリエーション

弱

レベル2 ライト・アングル・リバース・プッシュ・アップ

準備姿勢で両ヒザが直角に曲がる位置に両足を置くことで、腕にかかる負荷が軽減する。動作中、ポイントはすべて基本のエクササイズと同じ。

レベル1 クローサー・リバース・プッシュ・アップ

準備姿勢で両ヒザの位置よりも手前に両足を置く。足に体重がかかるので腕の負荷が大幅に弱まる。動作中、つま先は床につけたままでOK。

対象レベル

レベル4	レベル3	レベル2	レベル1
筋力が高い男性	一般男性	筋力が低い男性 筋力が高い女性	一般女性

レベル4 **レベル・リバース・プッシュ・アップ**

レベル3 **リバース・プッシュ・アップ**

強

安定したイスをもう1脚用意し、かかとを座面に置いた位置からスタート。ソファやベッドを使ってもよい。

基本のエクササイズ。正しいフォームで余裕をもって6回できない場合はレベル2で行う。逆に16回以上できる場合はレベル4に進もう。

シングル・レッグ・ヒップ・リフトで太もも裏と殿部を鍛える

準備姿勢 床に仰向けになり、ヒザを90度に曲げる。両腕を横に開き、手のひらは床に向ける。

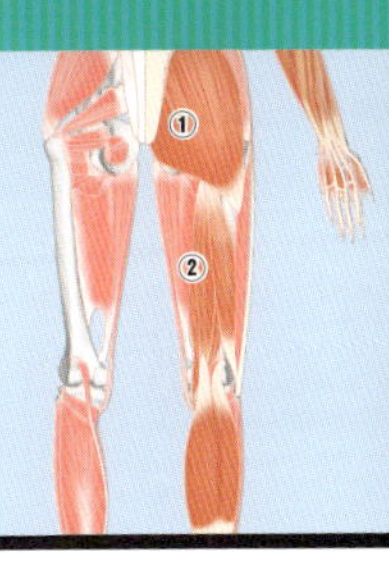

この筋肉を強化!

①大殿筋
②ハムストリングス

回数・目安

左右10回 × 3セット(休息1分)

スポーツでも日常生活でも要となる大殿部とハムストリングスを鍛えるトレーニング。上体をまっすぐに保ったまま、お尻を大きく上下動させよう。

動作手順

1 → 2 片方の足首をもう片方のヒザの上に乗せ、息を吐きながら1秒でお尻を引き上げる。

2 → 1 背すじを伸ばしたまま、息を吸いながら2秒で元の形に戻る。

▼準備姿勢▼

ポイント1 両足を置いて安定させる

片足だけをついた状態だと不安定で、ヒザの角度などを整えにくい。両足を床に置いた状態でヒザの角度などを調整する。

▼準備姿勢▼

ポイント2 足の位置

つま先を真下に向けて足とヒザを揃えた位置に置いてから、一方の足首を他方のヒザに乗せる。下から見ると、太もも、下腿部とも床と垂直になる。

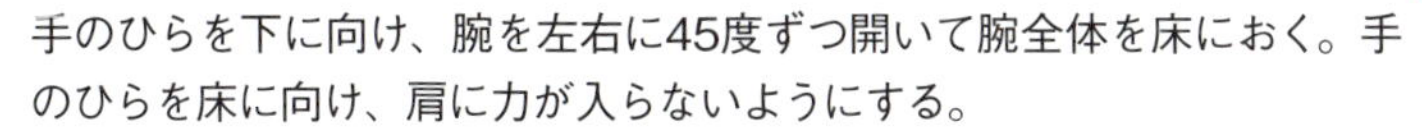

腕の開き

ポイント 3

▼準備姿勢▼

手のひらを下に向け、腕を左右に45度ずつ開いて腕全体を床におく。手のひらを床に向け、肩に力が入らないようにする。

お尻の位置

ポイント 4

▼2→1▼

お尻を高く上げようとするあまり、腰を反らせないよう注意。腰の筋肉を使ってしまい、背骨に負担もかかる。ヒザから肩まで一直線の位置で止めること。

自分の年齢や筋力・体力に合わせよう!

4段階の強度別バリエーション

レベル2 デュアル・レッグ・デクライン・ヒップ・リフト

レベル1 デュアル・レッグ・ヒップ・リフト

壁に固定したイスの座面に両足を乗せて行う。ヒザと股関節ともに直角に曲げた姿勢からスタートする。他のポイントは基本のエクササイズと同じ。

基本のエクササイズの準備姿勢のまま、床に両足をつけた状態で行う、両足に負荷が分散するため強度が弱くなる。

対象レベル

レベル4	レベル3	レベル2	レベル1
筋力が高い男性	一般男性	筋力が低い男性 筋力が高い女性	一般女性

レベル4 **シングル・レッグ・デクライン・ヒップ・リフト**

レベル3 **シングル・レッグ・ヒップ・リフト**

強

壁に固定したイスに一方のふくらはぎを乗せ、ヒザと股関節が直角に曲がった状態からスタート。不安定なので、バランスを崩さないように注意。

基本のエクササイズ。正しいフォームで楽に6回できない場合はレベル2を行う。16回以上余裕でクリアできる場合はレベル4にトライする。

シングル・ヒール・レイズで下腿部を鍛える

準備姿勢 壁に寄せたイスの背もたれにヒジを伸ばして手を置く。イスから1歩分離れた位置に立って足を揃える。

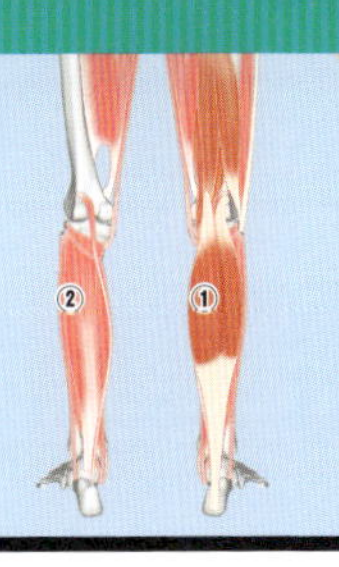

この筋肉を強化!

①腓腹筋
②ヒラメ筋

回数・目安

左右10回×3セット(休息1分)

大腿部に次いでボリュームのあるふくらはぎを鍛えるエクササイズ。スポーツでも欠かせない部位。かかとを大きく上下動させよう。

動作手順

1→2 片方の足首をもう片方の足首にかけ、息を吐きながら1秒でかかとを上げ、つま先立ちになる。

2→1 続けて息を吸いながら2秒でかかとを床に下ろす。

つま先の向き

軸足のつま先は正面に向け、足首をしっかり伸ばした状態で動作を開始すること。つま先が外を向いてしまうと、ふくらはぎをしっかり鍛えられないだけでなく、ヒザに負担がかかる。

姿勢

頭からかかとまでが一直線になる位置でスタートする。動作中、股関節が多少曲がってもよいが、お尻から頭までは真っすぐに保とう。

体重のかけ方

ポイント 3

▼1→2▼

足の親指に体重を乗せてかかとを上げ下げする。小指側に体重がかかるとふくらはぎを鍛えられないだけでなく、足首を捻挫しやすいのでNG。

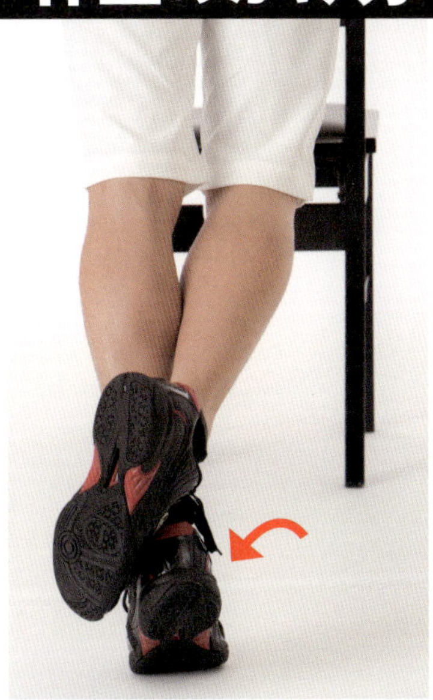

ヒザ

ポイント 4

▼2→1▼

動作中、ヒザは曲げない。かかとを下ろしたときに曲げると、太もも前の大腿四頭筋の代償動作が起きるため、下腿部への負荷が低下してしまう。

自分の年齢や筋力・体力に合わせよう!

4段階の強度別バリエーション

弱

レベル2 リーニング・シングル・ヒール・レイズ

イスの座面（側面）に手を置く。手の荷重が大きくなるため、ふくらはぎの負荷が軽減する。基本同様、上半身を真っすぐに保ったまま足首だけを動かす。

レベル1 デュアル・ヒール・レイズ

基本のエクササイズの準備姿勢のまま、両足のかかとを上げ下げする。ポイントは基本のエクササイズと同じ。

対象レベル

レベル4	レベル3	レベル2	レベル1
筋力が高い男性	一般男性	筋力が低い男性 筋力が高い女性	一般女性

強

レベル4 **バーチカル・シングル・ヒール・レイズ**

レベル3 **シングル・ヒール・レイズ**

壁に手をついてまっすぐに立ち、軸足のつま先を5cm程度の台に乗せて行う。全体重が足にかかるので負荷が増す。

基本のエクササイズ。余裕をもって6回できない場合はレベル2に強度を下げ、16回以上できる場合はレベル4に強度を上げる。

ロアー・バックで腰背部を鍛える

準備姿勢 安定したイスに浅めに座り、足を軽く広げて前方に出す。両手を頭上で組んで背すじを伸ばす。

ポイント 1 動きの確認 P.84

この筋肉を強化!

①脊柱起立筋
②腰方形筋

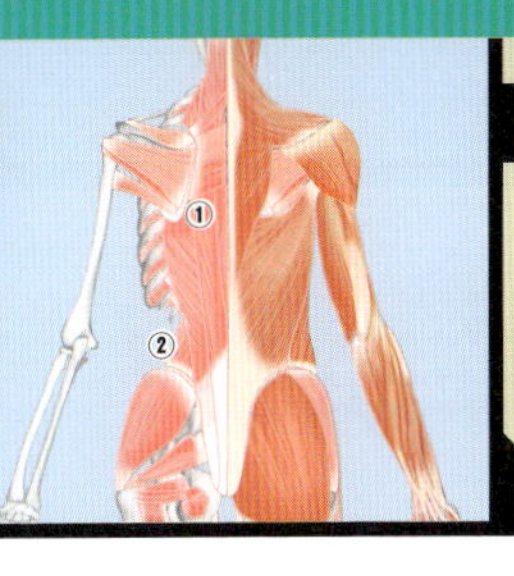

回数・目安

10回 × 3セット（休息1分）

腰背部を鍛えるトレーニング。脊柱起立筋だけを刺激するよう、前屈の角度に注意しよう。

動作手順

1→2 腕の形を保ち、背すじを伸ばしたまま30度前傾したら、息を吸いながら2秒であごを引きながら背中を丸める。

2→1 続けて、息を吐いて1秒で背すじを伸ばして元の姿勢に戻る。

▼準備姿勢▼

動きの確認 ポイント1

まずイスに座って背中をどこまで曲げるかを確認する。背中を丸めていき、骨盤（お尻）が背もたれから離れてしまう場合は股関節も曲げてしまっている証拠。

▼1→2▼

前傾の角度 ポイント2

背すじを伸ばしたまま、上半身を30度程度（床に対して60度ほど）まで前傾することで腰の筋肉に適度な負荷がかかる。

動きの軸

ポイント 3

▼2→1▼

背中を曲げ伸ばしする際は、おへそを軸にすること。おへそから下が動くと強いお尻の筋肉が働いてしまうため、脊柱起立筋に効かなくなる。

腕の位置

ポイント 4

▼2→1▼

動作中、腕と上半身の角度を一定に保つ。腕の振りの勢いを利用すると腰の負荷が弱まってしまう。上腕は常に耳の横に置く。

自分の年齢や筋力・体力に合わせよう!

4段階の強度別バリエーション

弱

レベル2 クロスアーム・ロアー・バック

両手を胸の前でクロスさせて行う。違いは腕の形だけで、おへそを軸に背中を曲げ伸ばしするなど、他のポイントはすべて基本エクササイズと同じ。

レベル1 バーチカル・ロアー・バック

基本エクササイズの準備姿勢のまま動作を開始。おへそから下を垂直に保つと、脊柱起立筋の負荷が軽減。ポイントは基本エクササイズと同じ。

対象レベル

レベル4	レベル3	レベル2	レベル1
筋力が高い男性	一般男性	筋力が低い男性 筋力が高い女性	一般女性

強

レベル4 **スタンディング・ロアー・バック**

レベル3 **ロアー・バック**

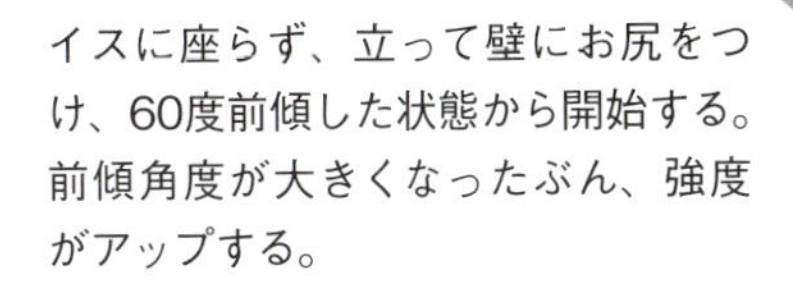

イスに座らず、立って壁にお尻をつけ、60度前傾した状態から開始する。前傾角度が大きくなったぶん、強度がアップする。

基本のエクササイズ。適切なフォームで6回反復できない場合はレベル2で行う。逆に16回以上余裕で繰り返せる場合はレベル4へ強度を上げる。

スパイン・トランク・ツイストで腹部を鍛える

準備姿勢 仰向けになり両腕をハの字に開く。股関節を90度曲げ、ヒザは45度曲げる。

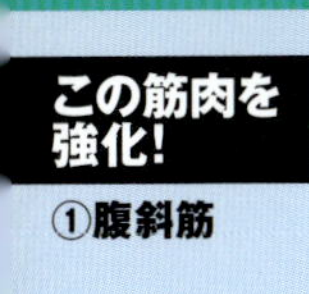
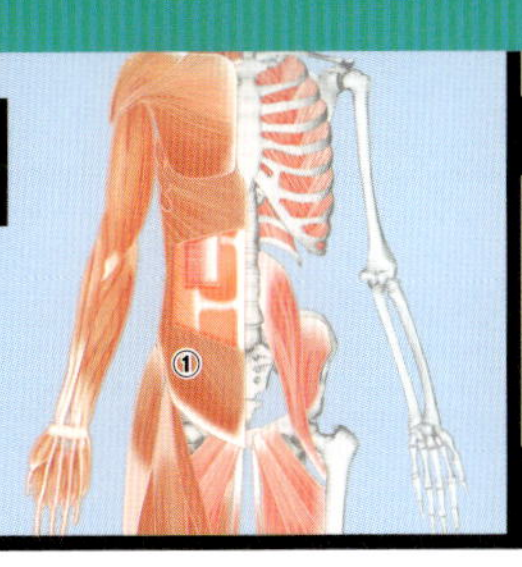

この筋肉を強化!

①腹斜筋

回数・目安

10回 × 3セット（休息1分）

アブドミナル・クランチ（46ページ）は腹直筋が優先的に使われるが、腹斜筋に的を絞ったエクササイズ。ダブルで行えば腹筋群がコンプリート。

動作手順

1→2 息を吸いながら2秒でおへそを軸に腰をひねり、下半身を一方に傾ける。

2→1 息を吐きながら1秒で準備姿勢に戻り、続けて逆方向に腰をひねる。

▼準備姿勢▼

ヒザの位置 ポイント1

ヒザは股関節の真上で、大腿部が床と垂直になる。ヒザがそれよりも下方にあると、腹直筋が緊張してしまう。

▼準備姿勢▼

腕の位置 ポイント2

腕を横に左右それぞれ45度ずつ開く。こうすることで腰をひねった際に肩が浮かず、腹斜筋をしっかり使うことができる。腰をひねる際に、倒す側の腕に力を入れよう。

ポイント3 ヒザ・足の形

両ヒザを揃えたまま動作を行う。足やヒザがずれたり離れるのは、腰だけでなく股関節をひねっている証拠。これでは腹斜筋に効かない。

ポイント4 倒す角度

足を傾ける角度は左右各45度。それ以上傾けると上半身や股関節周りの筋肉を使ってしまう。

自分の年齢や筋力・体力に合わせよう!

4段階の強度別バリエーション

弱

レベル1 ベント・ニー・トランク・ツイスト

基本のエクササイズの準備姿勢から、ヒザを完全に曲げた状態で行う。他のポイントはすべて基本エクササイズと同じ。

レベル2 ライト・アングル・トランク・ツイスト

基本のエクササイズとの違いはヒザの角度。ヒザを直角に曲げることで、腹斜筋にかかる負荷が軽減する。

対象レベル

レベル4	レベル3	レベル2	レベル1
筋力が高い男性	一般男性	筋力が低い男性 筋力が高い女性	一般女性

レベル4 ストレート・ニー・トランク・ツイスト

基本のエクササイズの姿勢から、できるだけヒザを伸ばして行う。負荷が強まるため、両腕を大きく広げてバランスをとる。

レベル3 スパイン・トランク・ツイスト

基本のエクササイズ。やってみて正しいフォームで6回できないなら無理せずレベル2へ。余裕をもって16回以上できるなら、レベル4へと強度を上げる。

COLUMN

筋トレを躊躇させる誤解や迷信

古代ギリシア時代から筋肉を鍛えてきた西洋と異なり、筋トレの歴史が浅い日本では、残念ながらいまだに筋トレに対する誤解や偏見が残っています。

例えば「筋トレをすると背が伸びなくなる」というのがその一つですが、これは全くの迷信です。筋トレをすると、成長ホルモンの分泌が盛んになるので、むしろ体の成長にはプラスに働きます。

「筋トレをすると体が硬くなる」のもイメージからくる誤解。関節を大きく動かして筋トレをしている限り、柔軟性が低下することはありません。筋力を高める筋トレと並行して柔軟性を高めるストレッチを行えば、柔軟性は確実に向上します。

「筋肉をつけるとスピードが落ちる」「筋トレでつけた筋肉は役に立たない」なども同様。筋肉をつければ競技力が上がるのは、世界のトップアスリートを見れば明らかです。

第3章

ダンベル&ラバーバンド!
器具を使って筋肉をピンポイントで徹底強化

第1章・第2章で紹介した自重筋トレでは鍛えにくい、あるいは適切な負荷をかけにくい筋肉があります。本章では、ダンベルやラバーバンドを使うことで、それらの部位を的確に刺激するエクササイズを紹介します。自重筋トレにプラスしたい場合、ダンベルかラバーバンドのいずれかを用意して実施してください。

器具を使って筋肉を
ピンポイントで徹底強化

「胸」「背中」「肩」「腕」鍛えたいところを〝そこだけ〟鍛える

ダンベル　プッシュ・アップをしてダンベルの重さを選ぶ!

〈使用するダンベルの目安〉

使用するダンベルは筋力によって異なる。筋力を知るために、レベル3のプッシュ・アップ（38ページ）が正しいフォームで何回行えるかを確認。次に下の表を参考に、自分の筋力レベルに合わせて3種類のダンベルを用意しよう。

実施者のレベル	軽重量	中重量	高重量
初級者（腕立て伏せ10回未満）	1~2kg	3~4kg	7~8kg
中級者（腕立て伏せ10~20回未満）	2~4kg	4~6kg	9~12kg
上級者（腕立て伏せ20回以上）	4~5kg	7~9kg	14~18kg

ラバーバンド　1本のラバーバンドでも持つ位置で負荷が変わる!

持ち方によってトレーニング強度を変えられるラバーバンド。商品によっても強度が異なるので、自分のレベルに合ったものを選ぼう。軽量でかさばらないメリットがあるが、ゴムを傷つけやすいので扱いに注意すること。

ラバーバンド筋トレでは、まず自分の筋力に合った強度のラバーバンドを用意する。「赤→緑→青→黒」の順番で強度が上がるので、女性は赤か緑、男性は青か黒を選ぼう。同じラバーバンドでも長めに持てば強度が下がり、短めに持てば強度が上がるので、持つ位置で負荷を微調整しよう。

1 器具を使って大胸筋上部を鍛えるエクササイズ

ダンベル

98ページ

ラバーバンド

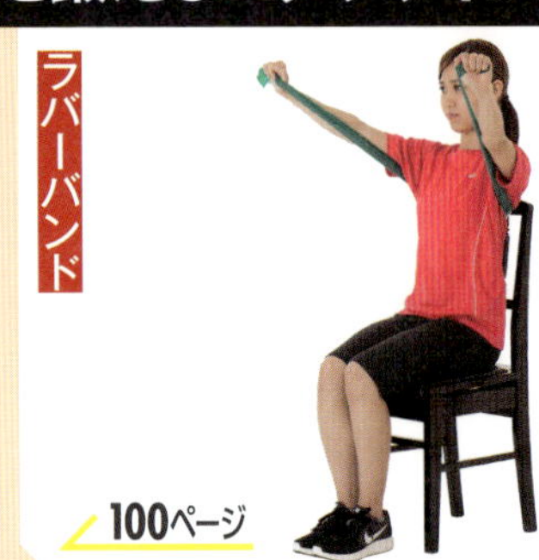

100ページ

2 器具を使って**背中の上部**を鍛えるエクササイズ

ダンベル

102ページ

ラバーバンド

104ページ

3 器具を使って**三角筋**を鍛えるエクササイズ

ダンベル

106ページ

ラバーバンド

108ページ

4 器具を使って**上腕二頭筋**を鍛えるエクササイズ

ダンベル

110ページ

ラバーバンド

112ページ

器具を使って**大胸筋上部**をピンポイント強化

ダンベル編
インクライン・チェスト・プレス

ダンベルの目安 **高重量**(初心者:7〜8kg/中級者:9〜12kg/上級者:14〜18kg)

準備姿勢

背中とイスの背もたれの間を埋めるように1〜2個のクッションを入れる。イスに浅めに座り、両手に持ったダンベルを太ももの下部に乗せる。

この筋肉を強化!

①大胸筋上部

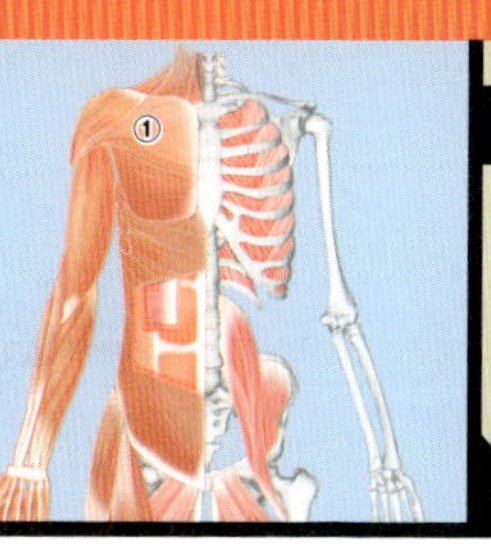

回数・目安

10回 × 3セット（休息1分）

プッシュアップでは刺激しにくい大胸筋の上部を鍛え、分厚い胸板を作るエクササイズ。

動作手順

1 → 2 イスの背もたれに寄りかかりながらダンベルをヒザで押し上げ、肩の真上にあげたら、息を吸いながら2秒でヒジを曲げてダンベルを鎖骨の横に下ろす。

2 → 1 続けて胸を張ったまま、息を吐きながら1秒で腕を伸ばし、ダンベルを元の位置に押し上げる。

Point ダンベルは親指を内側に向けてしっかり握る。肩より内側に入れないこと。

Point 前腕を内側に入れたり外側に開くと腕に力が入り、前や後ろに傾けると肩に負担がかかるので常に床と垂直に保つ。

次はラバーバンド編

器具を使って**大胸筋上部**をピンポイント強化

ラバーバンド編
インクライン・チェスト・プレス

ラバーバンドの強度 **強**（ラバーバンドを二重にする）

準備姿勢

足を揃えてイスに座り、ラバーバンドを真ん中で折って二重にする。重ねたラバーバンドを背中に回して両端を持ち、イスに深く座って背もたれに寄りかかる。胸の高さで手を肩幅の2倍に開く。ラバーバンドがたるまないように握る位置を調整する。

この筋肉を強化!

①大胸筋上部

回数・目安

10回
×
3セット
(休息1分)

ラバーバンドを使って、大胸筋の上部をピンポイントで鍛えるエクササイズ。

動作手順

1→2 息を吐きながら1秒で、おでこの高さまで伸ばしてラバーバンドを引っぱる。

2→1 続けて胸を張ったまま、息を吸いながら2秒でヒジを曲げて、元の位置に戻る。

Point
前腕は体に対して垂直に。背もたれに寄りかかるので床に対しては、やや斜め上を向く。

Point
肩を落として胸を張ったまま、ゴムチューブを曲げ伸ばしする。肩の位置が動いてしまうと、胸に対する負荷が弱まってしまう。

器具を使って**背中の上部**をピンポイント強化

ダンベル編
ワンハンド・ロウイング

ダンベルの目安 **高重量**(初心者:7〜8kg／中級者:9〜12kg／上級者:14〜18kg)

準備姿勢

イスの端を一方の手で握って腕を伸ばし、体を支える。イスに置いた手と同じ側の足を後ろに引いてヒザを伸ばし、反対の足は少し前に出してヒザを曲げ、背すじを伸ばす。もう一方の手でダンベルを握って肩の真下に腕を伸ばし、肩を下に落とす。

この筋肉を強化!

①上腕二頭筋
②三角筋後部
③広背筋
④僧帽筋
⑤菱形筋

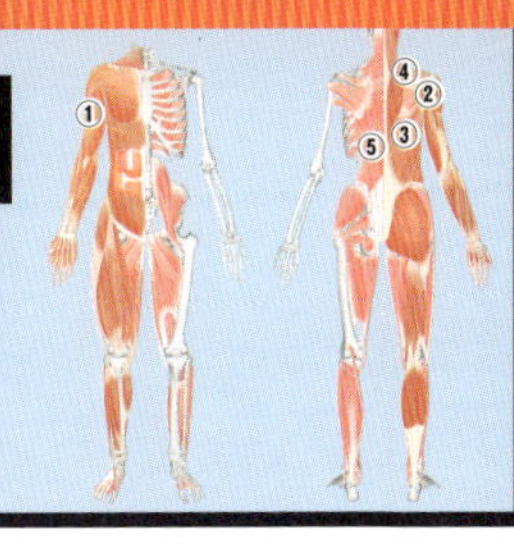

回数・目安

左右10回 × 3セット(休息1分)

背中上部にある大きな広背筋を鍛える。男らしい逆三角形の背中を作るには欠かせない部位。腕だけでなく、肩甲骨もしっかり動かそう。

動作手順

1 → 2 息を吐きながら1秒で肩を後方に引きつつ、ヒジを曲げてダンベルをみぞおちの横に引き上げる。

2 → 1 続けて息を吸いながら2秒で、腕を伸ばして元の位置に戻る。

Point

ダンベルを持った前腕は常に床と垂直に保つ。これが崩れると腕などに余計な力がかかってしまう。

Point

体をひねりながらダンベルを引くと背中にかかる負荷が弱まってしまう。上半身は常に床に向けておき、肩甲骨と腕だけを動かすことが重要。

次はラバーバンド編

ラバーバンド編
ロー・ロウイング

ラバーバンドの強度 **強**（ラバーバンドを二重にする）

準備姿勢

床に座り、半分折りにしたラバーバンドを土踏まずにかけて両端を持つ。ヒザは軽く、足首は直角に曲げる。腕を伸ばして肩を前に出した状態で、ラバーバンドにたるみがないように握る位置を調整する。

Point
ヒジが伸びる位置でラバーバンドを持つ。

この筋肉を強化！

①上腕二頭筋
②三角筋後部
③広背筋
④僧帽筋
⑤菱形筋

回数・目安

10回 × 3セット（休息1分）

ラバーバンドを引いて広背筋を鍛えるエクササイズ。重力に逆らう必要がないので、座ったままの楽な姿勢で行うことができる。

動作手順

1 → 2 息を吐きながら1秒で胸を張り、手がみぞおちの手前にくるまでラバーバンドを引く。

2 → 1 続けて息を吸いながら2秒で、腕を伸ばして元の位置に戻る。

Point
前腕とラバーバンドは常に同じ一直線上に。これが崩れると腕などに余計な力がかかってしまう。

器具を使って**三角筋**をピンポイント強化

ダンベル編
サイド・レイズ

ダンベルの目安 **軽重量**(初級者:1〜2kg/中級者:2〜4kg/上級者:4〜5kg)

準備姿勢

足を腰幅に開き、ヒザを軽く曲げる。ダンベルを握って平行にし、両ヒジを体側につけて軽く曲げる。

この筋肉を強化!

①三角筋

回数・目安

10回 × 3セット（休息1分）

僧帽筋と三角筋を同時に鍛えるショルダープレスに対し、ピンポイントで三角筋を鍛えられるエクササイズ。肩関節を軸に腕だけを動かそう。

動作手順

1 → 2 息を吐きながら1秒で、ダンベルがみぞおちの高さにくるまで腕を開く。

2 → 1 息を吸いながら2秒で腕を閉じていき、元の姿勢に戻る。

次はラバーバンド編

ラバーバンド編
ラテラル・レイズ

ラバーバンドの強度 **弱**（ラバーバンドを一重にする）

準備姿勢

床に置いたラバーバンドの中央で足を腰幅に開き、クロスさせて左右の手でラバーバンドがたるまないように持つ。ヒジとヒザは軽く曲げ、背すじを伸ばす。

この筋肉を強化!

①三角筋

回数・目安

10回 × 3セット (休息1分)

ラバーバンドを使って肩関節を覆う三角筋をピンポイントで鍛えるエクササイズ。三角筋に適切な刺激を加えるため、ラバーバンドを交差させて持つ。

動作手順

1→2 息を吐きながら1秒で、肩を軸にしてラバーバンドを胸の高さまで引き上げる。

2→1 息を吸いながら2秒で、腕を閉じていき元の姿勢に戻る。

Point
腕を開く角度は70度程度。さらに上げると僧帽筋が働いて三角筋に対する負荷が弱まってしまう。

Point
常に親指を正面に、小指を後方に向けておくこと。これが崩れると肩をひねる力が加わり、肩関節に負担がかかってしまう。

器具を使って**上腕二頭筋**をピンポイント強化

ダンベル編
アーム・カール

ダンベルの目安 **中重量**（初級者：3～4kg／中級者：4～6kg／上級者：7～9kg）

準備姿勢

足を腰幅に開き、ヒザを軽く曲げる。手のひらを正面に向けてダンベルを握り、ヒジを伸ばして体側よりやや前に置いて脇を締める。

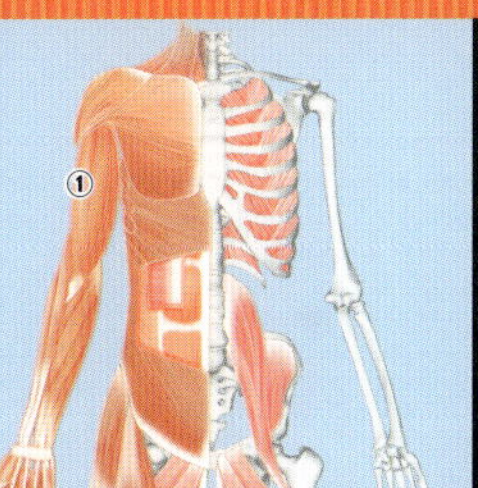

この筋肉を強化!

①上腕二頭筋

回数・目安

10回×3セット(休息1分)

自重筋トレでは鍛えにくい上腕前側の上腕二頭筋をピンポイントで鍛えるエクササイズ。男らしい腕を作るために欠かせない種目。

動作手順

1→2 息を吐きながら1秒で、ヒジの位置を変えずに曲げていき、ダンベルを引き上げる。

2→1 息を吸いながら2秒で、ヒジを伸ばして元の姿勢に戻る。

1

2

1秒かけて息を吐く

2秒かけて息を吸う

Point

脇を締め、ヒジの位置を動かさずにダンベルを上げ下げすること。ヒジが動くと、上腕二頭筋への刺激が弱まってしまう。

Point

動作中はヒジ以外の上半身、下半身は動かさない。ヒザを曲げ伸ばしたり、上体を前後に振ると楽に上がるが、そのぶん上腕二頭筋に効かなくなる。

次はラバーバンド編

器具を使って**上腕二頭筋**をピンポイント強化

ラバーバンド編
アーム・カール

ラバーバンドの強度 **弱**(ラバーバンドを一重にする)

準備姿勢

足を腰幅に開き、ラバーバンドの真ん中を両足で踏む。手のひらを内側に向けてラバーバンドを持ち、ヒジを伸ばして体側よりやや前に置いて脇を締める。ラバーバンドがたるまないように握る位置を調整する。

この筋肉を強化!

①上腕二頭筋

回数・目安

10回 × 3セット(休息1分)

ラバーバンドを使って上腕前側にある上腕二頭筋を鍛えるエクササイズ。ダンベルと異なり、手のひらを内側に向けたまま、ヒジを曲げ伸ばしする。

動作手順

1→2 息を吐きながら1秒で、ヒジの位置を変えずに曲げていき、ラバーバンドを引き上げる。

2→1 息を吸いながら2秒で、ヒジを伸ばして元の姿勢に戻る。

1

2

1秒かけて息を吐く

2秒かけて息を吸う

Point

脇を締め、ヒジの位置を動かさずにラバーバンドを曲げ伸ばし。ヒジの位置がずれると、上腕二頭筋への刺激が弱まるので注意。

Point

動作中はヒジ以外の上半身、下半身ともに動かさない。ヒザ以外の部分が動くと楽にラバーバンドを引っ張れるが、そのぶん上腕二頭筋に効かなくなる。

COLUMN

意外に筋肉がつきにくいアスリート

筋肉のつきやすさには、タンパク質の消化吸収能力、同化ホルモンの分泌量など、遺伝的な差は多少影響しますが、それよりも後天的な影響、つまり運動、栄養、休養が与える影響の方が大です。

実際、今では誰もが筋肉隆々に見える米国人ですが、30年、40年前の映画に登場する彼らの体型は、我々日本人とさほど大差はありません。

本書でお話ししている通り、筋トレの効果を最大に引き出すためにもっとも重要なのはフォームですが、意外に筋トレのフォーム作りが苦手なのはスポーツ選手です。

彼らは全身のさまざまな筋肉を使い、さまざまな物理法則や生理学的な反射などを利用して合理的に体を動かす訓練をしているため、筋トレをするときに主動筋に効かせにくいのです。もちろんスポーツ選手でも筋トレをするときに、頭と体を切り替えて正しいフォームで行えば、飛躍的に筋肉量は増えます。

第4章

筋トレ“前後”のストレッチで、さらに効果を高めよう!

筋トレの前のストレッチは、立ったまま複数の筋肉を伸ばすことで体を安静モードから運動モードに切り替え、筋力を発揮しやすくします。筋トレ後のストレッチは楽な姿勢で一つひとつの筋肉をじっくり伸ばすことで、心身をリラックスさせ、疲労の回復を促進します。

スクワット&ツイスト（肩・胸・わき腹・内ももを伸ばす）

四股の体勢で上半身を左右にひねることで三角筋、大胸筋、腹斜筋、股関節内転筋群を同時に伸ばすストレッチ。

回数・目安
左右5〜10秒
×
1〜2セット

1 足を肩幅の2倍に大きく開き、つま先を斜め45度外側に開く。腕を伸ばして両手をヒザの上に置き、太ももが水平になるまでヒザを曲げて腰を落とし5秒キープ。

2 下半身の形を保ち、背すじを伸ばしたまま、上半身を大きく一方にひねり、肩を入れて5秒静止。

3 一旦両ヒザを伸ばして上半身を元の位置に戻してから、腰を再び落として、逆方向に上半身をひねって5秒キープする。

パラレル・ツイスト（肩・わき腹・股関節を伸ばす）

腕を横に引きながら全身を大きくひねることで、三角筋、腹斜筋、お尻の深部にある深層外旋六筋などを複合的に伸ばす。

回数・目安
左右5〜10秒 × 1〜2セット

1 足を肩幅より広めに開き、一方の腕を肩の高さに上げ、反対の手でヒジを押さえて手前に引き寄せて5秒キープする。

2 腕の形を保ったまま、体を大きくひねる。横を見て5秒静止する。前方の足の位置は変えず、後方の足はかかとを上げて内側にひねること。

3 一旦体を元に戻してから腕を左右入れ替えて5秒キープした後、同様に体を先ほどと逆側に大きくひねって5秒キープ。

ウォームアップ・ストレッチ③

ラテラル・ベンド（腕・わき腹・背中・お尻を伸ばす）

足を大きく横に開いた体勢から、伸脚すると同時に上体を倒し、上腕三頭筋、広背筋、腹斜筋、お尻の横の中殿筋などを伸ばす。

回数・目安：左右5〜10秒×1〜2セット

準備姿勢 足を肩幅の２倍に開き、つま先を斜め45度外側に向けたら、両手を頭の後ろで組んでヒジを張る。

1 一方の腕の重さを利用して反対側の腕を頭に向けて引っぱり、５秒間静止する。

2 腕の形を保ったまま、ヒジが上がっている側のヒザを曲げ、さらに上半身を伸びている足側に側屈する。このまま５秒キープし、反対側も同様に行う。

ベンド・オーバー（肩・胸・腕・お尻・太ももを伸ばす）

三角筋、大胸筋、上腕二頭筋、大殿筋、ハムストリングスを複合的に伸ばすストレッチ。前方に倒れないよう、注意して行う。

回数・目安 5秒+5秒 × 1〜2セット

準備姿勢 足を腰幅に開き、両手をお尻の後ろで組む。

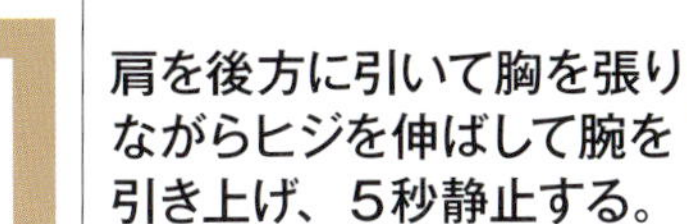

1 肩を後方に引いて胸を張りながらヒジを伸ばして腕を引き上げ、５秒静止する。

2 一旦力をゆるめて準備姿勢に戻ってから、再度腕を引き上げつつ、上半身を水泳のスタート姿勢のように前屈し、５秒キープ。ヒザは軽く曲げておく。

アーム・プル（三角筋を伸ばす）

ショルダープレスなどで使った三角筋を伸ばして疲労を回復。
腕を下から上に引き上げることで三角筋が十分に伸ばされる。

回数・目安
左右10～20秒
×
1～3セット

1 あぐらをかいて背すじを伸ばし、一方の腕を反対側のヒザに向けて斜め下に下ろし、もう一方の手でヒジを下から支える。このとき、伸ばした腕の手のひらは上を向く。

2 伸ばした腕を体から離さずに下から上に引き上げ、肩が気持ちよく伸びるところで10秒静止する。上体はひねらない。

クールダウン・ストレッチ②

オブリーク・リーチ（広背筋を伸ばす）

ワンハンド・ロウイングの主動筋、広背筋を伸ばすストレッチ。少し上体を傾けながら、腕を斜め上に伸ばすのがポイント。

回数・目安
左右10〜20秒×1〜3セット

1 一方の腕を頭上に上げてヒジを曲げ、その手首をもう一方の手で握る。

2 顔に少し隠れるくらいまで腕を斜め上に伸ばしながら、同じ方向に上半身を少し傾け、背中が気持ちよく伸びるところで10秒静止。おへそから下は動かさない。

クールダウン・ストレッチ③

ハンド・ビハインド・ネック（上腕三頭筋を伸ばす）

リバース・プッシュ・アップなどで疲労する上腕の裏側を伸ばすストレッチ。ヒジをしっかり曲げたまま高く上げよう。

回数・目安
左右10〜20秒
×
1〜3セット

1 一方の腕を高く上げてヒジをしっかりと曲げ、指先を肩につける。

2 あごを引き、もう一方の手でヒジを内側に引き、上腕三頭筋が気持ちよく伸びるところで10秒静止する。指を肩から離さず、ヒジをしっかり曲げておく。

ヒップ・スライド（上腕二頭筋を伸ばす）

アーム・カールで使用する上腕二頭筋をストレッチする。肩関節とヒジ関節を傷めないように、心地よい範囲で腕を伸ばそう。

回数・目安
10〜20秒
×
1〜3セット

1 足を揃えて長座姿勢をとり、両手を肩幅の広さで後方において、背すじを伸ばす。指先は後方に向ける。

2 両ヒザを曲げながらお尻を前方にスライドさせていき、上腕二頭筋が気持ちよく伸びるところで10秒静止する。ヒジは伸ばしたままで、背中を丸めないように。

クールダウン・ストレッチ⑤

ハードラーズ・ストレッチ（大腿四頭筋を伸ばす）

スクワットなどで疲労した大腿四頭筋の疲労を和らげる。上半身を、筋肉を伸ばす足と逆側に傾けるのがポイント。

回数・目安
左右10〜20秒 × 1〜3セット

1 長座姿勢で両手を後方に着き、かかとがお尻に触れるまでヒザを曲げ、同じ側の手で足の甲を持つ。足首は伸ばしておく。

2 曲げているヒザと反対側に上半身をひねりながら後方に倒していき、大腿四頭筋が気持ちよく伸びる位置で10秒静止する。曲げたヒザを伸ばしたヒザから遠ざけると太もも前がよく伸びる。

クールダウン・ストレッチ⑥

シングル・レッグ・シット&リーチ（ハムストリングスを伸ばす）

スクワットなどで使う太ももの裏を伸ばし、疲労を和らげる。足首を伸ばし、ヒザを軽く曲げることがポイント。

回数・目安
左右10〜20秒
×
1〜3セット

1 長座姿勢から、一方のヒザの下にもう一方の足首を入れてヒザを軽く曲げ、足首を伸ばす。両手は伸ばした太ももの上に。

2 背すじを伸ばしたまま、伸ばした側の下腿を両手で引っ張りながら前屈し、太ももの裏が気持ちよく伸びるところで10秒静止する。体の柔軟性によって持つ位置を変える。

セミ・レッグ・ストラドル
（脊柱起立筋を伸ばす）

ロアー・バックで使うだけでなく、筋トレの姿勢を保つために疲労がたまりやすい腰の脊柱起立筋を伸ばすストレッチ。

回数・目安
10〜20秒 × 1〜3セット

1 長座姿勢からヒザを軽く曲げて外側に開き、足の間を少し広げる。両手はヒザ下において背すじを伸ばす。

2 下腿を両手で引きながら、骨盤を後傾させて背中を丸め、腰の筋肉が気持ちよく伸びるところで10秒静止する。おへそをのぞき込みながら、お腹を後方に引くこと。

トライアングル（下腿三頭筋を伸ばす）

ヒール・レイズの主動筋となる下腿三頭筋を伸ばす。つま先を正面に向けたまま、体重を利用して足首を曲げのるがポイント。

回数・目安
左右10〜20秒×1〜3セット

1 一方のヒザを床につき、そのかかとにお尻を乗せて座る。もう一方のヒザは立て、その上に両手を置く。

2 背すじを伸ばしたまま前傾して、立てたヒザに体重をかけていき、ふくらはぎが気持ちよく伸びるところで10秒静止する。つま先は正面に向け、かかとを浮かせずに行う。

クールダウン・ストレッチ⑨

ショルダー・トゥ・フロア（大胸筋を伸ばす）

プッシュアップで鍛えた大胸筋、三角筋前部の緊張を和らげるストレッチ。体重を利用して大胸筋を効率よく伸ばす。

左右10～20秒×1～3セット 回数・目安

1 床に四つん這い姿勢となり、股関節の真下でヒザを軽く開く。両手は肩よりやや前の位置で肩幅の2倍程度に間隔を広げる。

2 ヒジを伸ばしたまま一方の肩を床に近づけて上体をひねり、胸が気持ちよく伸びるところで10秒静止する。反対側のヒジは自然に曲げていく。

クールダウン・ストレッチ⑩

セミ・コブラ（腹直筋を伸ばす）

アブドミナル・クランチで使用する腹直筋を伸ばすストレッチ。お腹が伸びるので、猫背姿勢の解消にもなる。

回数・目安
10〜20秒×1〜3セット

1 うつ伏せになって体全体をまっすぐに伸ばし、手を肩幅に開いて顔の横に置く。

2 ヒジを伸ばして上体を反らし、お腹が気持ちよく伸びるところで10秒静止する。楽にできる場合は手を手前に引いてよいが、骨盤は床から浮かせないこと。

ニー・トゥ・チェスト（大殿筋を伸ばす）

ヒップ・リフトなどで使用する大殿筋をほぐす。お尻が硬いと腰に負担がかかるので、腰痛予防にも効果的。

回数・目安
左右10〜20秒×1〜3セット

1 仰向けになって、一方のヒザをしっかり曲げて立てる。両腕は体側に伸ばしておく。

2 立てたヒザを上げて、両手で下腿部を持って手前に引き寄せながら、お尻が気持ちよく伸びるところで10秒静止する。骨盤は床から浮かせないように。

ピラー（全身を伸ばす）

力を込めながら大きく伸びをすることで、全身の筋肉の緊張がほぐれる。しばらそのまま横になって心身を休めよう。

回数・目安
10〜20秒 × 1〜3セット

1 仰向けになって体を真っすぐに伸ばす。両手をお腹の上に置き、両足は揃える。

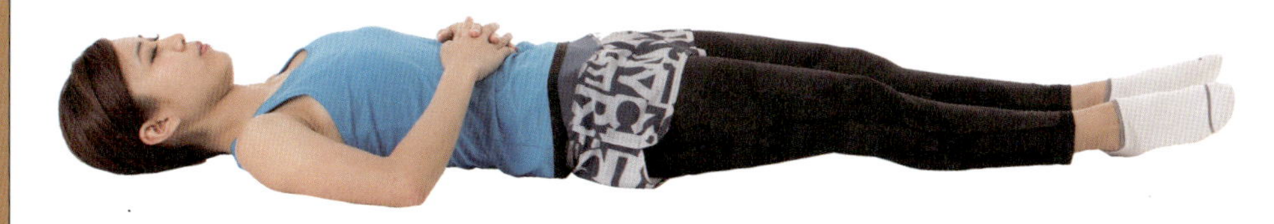

2 両手を頭上に上げて大きく背伸びをし、10秒静止したら、一気に体の力を抜く。目を閉じてゆっくり呼吸をしながら行おう。

COLUMN

正しい「姿勢」が締まった体を作る

体型を決めるのは主に「筋肉量」と「体脂肪量」ですが、ほかにも影響するものがあります。それは「姿勢」。筋トレでどんなに締まった体を作っても、お腹を前に突き出した姿勢で立っていれば、当然、お腹は出て見えます。逆に、姿勢を正しく整えるだけで、美しく締まった体型を演出することができるのです。

姿勢改善には、姿勢の悪さから硬くなった筋肉をストレッチでほぐすことが大事。例えば猫背の人は、胸やお腹の筋肉が縮こまっており、O脚の人はお尻や太ももの横の筋肉が硬くなっています。柔らかい筋肉を取り戻すため、できるなら毎日、何回でもストレッチを行いましょう。本書では第4章でストレッチを紹介しているので、特に苦手とする種目を重点的に行って下さい。

自分の姿勢を客観的に見て修正する習慣も大事です。鏡で自分の姿を見ては正しい姿勢を脳にインプットすること。やがて意識しなくても背すじが伸びるようになります。

第5章

トレーニング知識&メソッド

筋肉量を増やすには正しい筋トレに加え、筋肉の材料となる栄養と、筋肉の回復時間、つまり休養が必要です。この章では筋トレの効果を引き出す栄養と休養の“メソッド”を紹介するとともに、筋トレにまつわるさまざまな疑問にお答えします。

栄養編

筋肉を増やすには、筋肉の材料となる栄養、特にタンパク質をしっかり取るだけでなく、筋肉の分解を抑える必要がある。「増やし、減らさない」食事法を学んで実践しよう！

☑規則正しく3食取る

空腹状態が続くと、筋肉が分解されてエネルギーとして使われてしまう。朝食は必ず取ること。できれば夜の食事量を減らし、そのぶん夕方に軽い補食を取ると、さらに筋肉の分解が抑えられる。

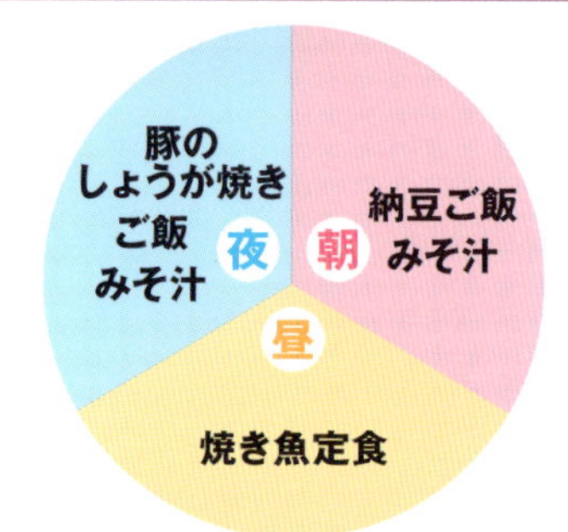

☑タンパク質は欠かさずに!

筋肉の材料となるタンパク質は、一度にたくさん消化・吸収できないので毎食こまめに取るべき。朝、昼、晩とも、主菜として肉料理か魚料理を取ろう。大豆・大豆製品は主菜としては量が少ないので、卵料理か牛乳・乳製品をプラス。

魚　肉　納豆　牛乳　卵

足りない時は

＋ プロテイン

☑血糖値の急な上下運動を抑える

甘いものやアルコールは血糖値を急上昇させ、その結果、体脂肪を増加。その後、血糖値が下がり、筋肉の分解が進むため、甘いものとアルコールは控えめに。補食としては鮭おにぎり、チーズかまぼこ、魚肉ソーセージなどがよい。

× 食前に大量のアルコール

× 空腹時に甘いお菓子

体型別 食事のポイント

体型をBMI（肥満度）、ウエスト・身長比から３つのタイプに分けて適切な食事を考えてみよう。
【BMI＝体重kg÷（身長m）^{2}】
【ウエスト・身長比＝ウエストcm÷身長cm】

標準体型は「タンパク質の量を増やす」

【BMI25未満で、ウエスト・身長比0.46未満】の標準体型は、食事量ではなく内容を変えるだけでよい。糖質メインとなる主食を少し減らし、タンパク質を多く含む主菜を多めにする。主菜の量を増やせない場合は、プロテインパウダーで補う。

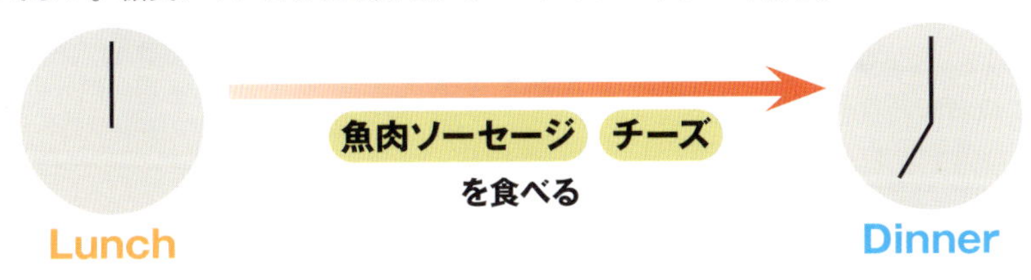

ぽっちゃり体型は「少しだけ食事量を減らす」

【BMI25未満で、ウエスト・身長比0.46以上】のぽっちゃり体型は、食事量を１～２割（300～500kcal）程度、減らす必要がある。これは毎食、どんぶりご飯を普通のご飯の量に減らす程度でクリアできる。もちろん主菜はしっかり取ること。

コンビニなら……

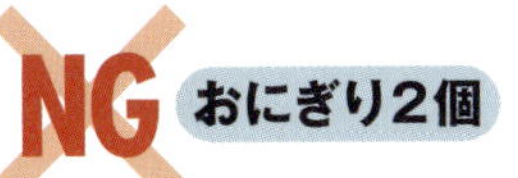

肥満体型は「糖類or油脂orアルコールを半分にカット!」

【BMI25以上で、ウエスト・身長比0.46以上】の肥満体型は、食事や間食、飲み物で甘い物、油脂、アルコール、または主食のいずれか、あるいは複数を取り過ぎている。ストレスを感じないよう、取り過ぎているものを半分程度カットしよう。

主食の二重取りはNG

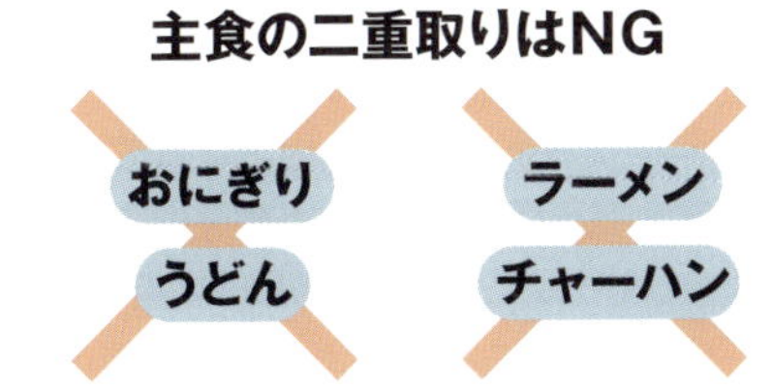

休養編①睡眠

疲労回復にもっとも大切な休養方法が睡眠。睡眠中に筋肉、脳、内臓などの活動が低下し、細胞の修復や成長が促されるからだ。筋トレで十分な力を発揮し、筋肉を作るためにも、よい睡眠をしっかり取ろう。

☑レム睡眠とノンレム睡眠 1時間30分×5セットが理想

睡眠中は深いノンレム睡眠と浅いレム睡眠が繰り返されるが、この2つは1セットで約1時間半。理想の睡眠時間は、脳を休めるだけなら4セット（6時間）でもよいが、筋トレで疲労した筋肉を回復させるためには5セット（7時間半）取るといい。

×5セット

☑規則正しい睡眠スケジュールを！

睡眠は量（時間）と同じくらい、質（睡眠の深さ）が重要。睡眠の質が高いほど、心身の疲労回復も筋肉の増加も促進される。睡眠の質を高めるには毎日同じ時間に就寝、起床することが大切だ。休日の朝寝や30分を超える昼寝は、夜の寝つきを悪くするのでほどほどに。

一定のリズムが大切！

☑寝る2時間前には「睡眠モード」に！

質の高い睡眠を得るためには、就寝する1～2時間前は部屋を薄暗くし、脳への刺激を少なくしよう。筋トレやゲームなど心身を興奮させる行動、カフェインの入ったコーヒーや紅茶は避けるべき。読書やストレッチ、ホットミルクなどが◎。

眠る2時間前から「OFFモード」に

ストレッチ

読書

ホットミルクを飲む

休養編②入浴

自発的にできる休養法として優れているのが入浴。浮力によって筋肉が重力から解放され、水圧によって血行が促進されて疲労が和らぎ、あたたかな心地よさによって心身がリラックスする。

☑38～39℃の「ぬるめ」のお湯がベスト

心身のストレスが和らぎ、疲労軽減効果が高いとされるのは、体温より少し高い38～39℃くらいのぬるま湯につかること。好みによって多少前後してもよいが、熱過ぎる、あるいは冷たいと感じない範囲にしよう。

38～39℃
体の中まで温まる

40～41℃
体の表面だけ温まる

☑全身浴で筋肉をほぐす

筋トレで鍛えた筋肉の疲労を十分に取るには、肩までつかる全身浴がオススメ。全身の筋肉が浮力を受けて緊張がゆるむからだ。ストレッチやセルフマッサージをすればさらに効果的。

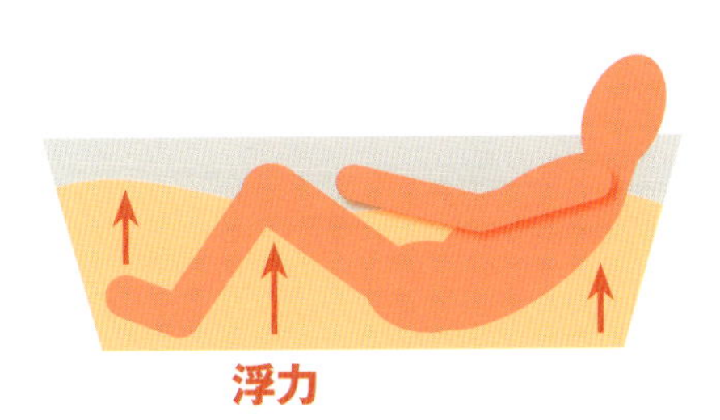

血圧が高い方、高齢者は半身浴と交互に

全身浴は筋肉の緊張を和らげる半面、水圧が大きくなるため、心臓や肺などの臓器に負担がかかる。血圧が高いなど健康に不安がある方、高齢者はお腹までつかる半身浴と交互に併用するとよい。

Q1 筋トレでよく聞く、超回復って何？

A 筋肉が元の状態より能力を上げて回復すること

筋トレ直後、筋肉は疲労するため発揮できる筋力が低下するが、数日おくと、筋肉はそれ以前より能力を上げた状態まで回復する。これを「超回復（現象）」と呼ぶ。元の状態に戻ることを意味する単なるリカバリーとは異なる。筋肉が強い刺激を受けると、次に同じ刺激を受けたときに疲労しないように、自らグレードアップするのだ。

超回復には、通常の筋トレなら48時間、強い刺激を与えた場合は72時間を要する。これが「筋トレは１～２日空けて、週２～３日のペースで行うとよい」根拠である。

超回復を待たずに筋トレを高頻度で行うと、やがて疲労が蓄積して、炎症やケガを起こすことになり、筋肉はかえって衰えてしまう。超回復後、筋肉は徐々に元のレベルへと戻ってしまうが、週に１回の頻度で行えば、筋肉量と筋力は維持できる。

Q2 筋トレの効果はいつ現れる?

A 筋力アップはすぐに。筋肥大は1ヵ月後から

筋肉は、髪の毛1本分ほどの筋線維が数千〜数万本集まった集合体。筋トレによって筋線維一本一本が太くなった結果、筋肉全体のサイズが大きくなる。しかし、それが現れるのは、筋トレを開始してから早くても4週間以降。

筋トレを開始すると、わずか1〜2週間でも同じエクササイズを同じ回数行っても楽に感じるようになる。しかしこれは筋肥大の結果ではなく、エクササイズの正しいフォームを習得したり、主動筋とは逆側の筋肉（拮抗筋）が動作中にゆるむようになったり、動作中に収縮する筋線維の数が増えたりなどするため。

ようは脳・神経系がうまく筋肉を使えるように学習した結果だが、これには、早い人で4週間、遅くとも8週間程度を要する。その後、筋肉は肥大に値する大きな力を発揮できるようになり、筋トレをしている期間、毎日少しずつ成長する。

Q3 負荷はどのように上げていくのか？

A 16回以上できるようになったらレベルアップ

まず年齢と体力に合わせて、４段階の強度別バリエーションのページから適切なレベルのエクササイズを選んだら正しいフォームで６回１セットにトライする。５回以下しかできなければレベルを下げ、そのまま16回以上できればレベルを上げて、最初に行うべきレベルのエクササイズを選ぶ。初日は１セットだけにし、２回目は２セット、３回目から３セット行う。

筋トレ開始当初は神経的な適応によって筋力が向上しやすいので、それに合わせて回数を少しずつ増やす。16回できるようになったらやはりレベルを一つ上げる。ただし、レベルを上げたら、回数は減らして６回から再スタートする。

男性はレベル４、女性はレベル２が楽に10回×３セットこなせるようになれば、十分な筋肉を獲得しているはず。自分の好みの体型になったら負荷、回数、セット数はそのままにして、頻度を週１回に減らして体型を維持しよう。

筋肉痛がある日は休むべき?

A 筋肉痛がある部位以外の筋トレを行う

「筋肉痛が出ない筋トレは効果がない」というのは迷信。筋肉痛が起こるのは筋トレが過度である証拠。正しいフォームと動作速度をキープしたまま、「あと1～2回できる」というところで留めておけば、筋肉痛は起こりにくいし、筋肉は十分に発達する。

体が「動き」に慣れていないときにも筋肉痛は起きやすい。これは、筋肉がどのタイミングでどの程度の力を発揮するかを覚えていないために起こる。これは、筋トレを開始する、あるいは新しい種目を導入する際、負荷を弱めにしたり、回数を減らしてフォームの習得に重点を置くことで予防できる。

筋トレは1～2日の休息を設けて行うが、筋肉痛が残っているときには、その部位はもう1～2日休息を延長する。その間も、筋肉痛のない部位は通常の頻度で行えばよい。

Q5 筋トレに適した時間帯はいつ？

A 寝る直前、起床直後、食事直後を避ければよい

複雑な動作を行うスポーツや大量のエネルギーを必要とする有酸素運動と異なり、部位別に体を動かす筋トレはあまり時間の制約を受けない。

避けるべき時間帯は、もっとも筋力が下がっている起床直後、心身をリラックスさせるべき就寝前、胃腸の働きが優先される食事直後。この時間帯以外、仕事や気分に合わせて好きな時間に行えばよい。

Q6 仕事などで疲れているときは？

A まずはストレッチだけやって様子を見よう

生活の中でたまった疲労は単に安静にする「消極的疲労」よりも、軽く体を動かす「積極的休養」が効果を発揮することが多い。

疲れを感じる日は、まずはウォームアップのストレッチだけをやってみて、その時点で心身が少しでも軽くなったら、筋トレを１種目１セットだけやる。さらにできそうなら次の種目…というように少しずつ増やしてみよう。

Q7 女性が気をつけるべきことは？

A 自分に合った負荷で行い、月経周期に応じた筋トレを

女性は男性よりも筋力が弱く、体脂肪量が多いので、弱めの負荷で行わないと効果がないし怪我をしてしまう。本書で紹介する女性用レベルで実施すること。

また、月経前の黄体期は心身の不調を感じやすいので筋トレの頻度や回数を減らしたり、ストレッチだけを行い、月経後の卵胞期にしっかり筋トレに取り組もう。

Q8 ランニングをしてもよい？

A ランニングをするなら筋トレと別の日に

ランニングは体脂肪をさらに減らしてくれるし、健康上もプラスに働く。ただ心身の負担が大きいので、筋肥大を優先するなら、理想の体型になってから導入することを勧める。ただし、ランニングはエネルギーを大量消費し、疲労を招く。だから、筋トレと別の日に行った方がよいが、同じ日に行う場合は筋トレを先に。

1日3分で筋肉は作れる!!

坂詰式 正しい「筋トレ」の教科書

発行日	2016年10月21日　初版
著　者	坂詰真二
発行人	坪井義哉
発行所	株式会社カンゼン 〒101-0021 東京都千代田区外神田2-7-1 開花ビル TEL 03(5295)7723 FAX 03(5295)7725 http://www.kanzen.jp/ 郵便振替 00150-7-130339
印刷・製本	株式会社シナノ
編集	株式会社ライブ 齊藤秀夫
構成	三谷 悠
文	田中瑠子／三谷 悠
イラスト	株式会社BACKBONE WORKS
写真	魚住貴弘
本紙モデル	伊藤力也／松山有華
カバー・表紙デザイン	渡邊民人(TYPEFACE)
本紙デザイン	寒水久美子
DTPオペレーション	株式会社ライブ
撮影協力	メンズファッション SKY OCEAN スポルディング・ジャパン株式会社 株式会社D&M

ISBN 978-4-86255-370-6
Printed in Japan
定価はカバーに表示してあります。

本書に関するご意見、ご感想に関しましては、
kanso@kanzen.jp までEメールにてお寄せください。
お待ちしております。

■著者紹介

坂詰真二
(さかづめ・しんじ)

1966年、新潟県出身。スポーツ&サイエンス代表。NSCA認定ストレングス&コンディショニングスペシャリスト、同協会認定パーソナルトレーナー。株式会社D&M商会アドバイザー。横浜リゾート&スポーツ専門学校講師。1990年に横浜市立大学文理学部を卒業後、株式会社ピープル（現コナミスポーツ）で、ディレクター、教育担当を歴任。その後、株式会社スポーツプログラムスにて実業団等のチーム、個人選手へのコンディショニング指導を担当。1996年に独立後、25年を超えるプロトレーナー活動の中で、育成したトレーナーは3000人以上、メディア出演は1500回以上を数える。また、『パートナー・ストレッチ』『スーツが似合う男になる!! ラガーマン体型になれる筋力トレーニング』(ともにカンゼン)など多数の著書・監修書籍があり、累計150万部を超える。

■モデル協力

伊藤力也
(いとう・りきや)

横浜リゾート&スポーツ専門学校アスレティックトレーナー科に在学し、プロトレーナーを目指して日々勉強中。

松山有華
(まつやま・ゆうか)

横浜DeNAベイスターズ・サポーティングガールズユニット『diana(ディアーナ)』2015年度メンバー。横浜リゾート&スポーツ専門学校卒。